Adolf Schmidt

Die Persönlichkeit des Sklaven nach römischem Recht

Adolf Schmidt

Die Persönlichkeit des Sklaven nach römischem Recht

ISBN/EAN: 9783743613881

Hergestellt in Europa, USA, Kanada, Australien, Japan

Cover: Foto ©Suzi / pixelio.de

Weitere Bücher finden Sie auf **www.hansebooks.com**

PROGRAMM

WODURCH

ZUR FEIER DES GEBURTSFESTES

SEINER KOENIGLICHEN HOHEIT

UNSERES DURCHLAUCHTIGSTEN GROSSHERZOGS

FRIEDRICH

IM NAMEN DES

ACADEMISCHEN SENATES

DIE ANGEHOERIGEN DER

ALBERT-LUDWIGS-UNIVERSITÆT

EINLADET

DER GEGENWÆRTIGE PRORECTOR

Dr. ADOLF SCHMIDT.

INHALT:

DIE PERSÖNLICHKEIT DES SKLAVEN NACH RÖMISCHEM RECHT. ERSTE ABTHEILUNG.

FREIBURG 1868.
UNIVERSITÆTS-BUCHDRUCKEREI VON H. M. POPPEN & SOHN.

Die einzelnen deutschen Staaten führen ein doppeltes Leben. Zunächst als selbstständige Gemeinwesen mit sich selber beschäftiget, haben sie in ihrem Inneren an ihrer eigenen, so materiellen wie intellektuellen Entwickelung zu arbeiten, dafür sorgend, dass im eigenen Hause alles wohl bestellt sei. Sodann werden sie insgesammt durch das nationale Band zu einem grossen Ganzen zusammengeschlossen, bestimmt, als eine der grössten Nationen ein gemeinschaftliches Leben zu führen und einen der vordersten Plätze einzunehmen in der Völkerfamilie Europa's.

Glücklich desjenige deutsche Land, welches in der gegenwärtigen grossen Zeit, wo die deutschen Geschicke zur endlichen Entscheidung heranreifen, einen Herrscher an seiner Spitze hat, der mit der väterlichen Sorge für das heimische Land jenen wahrhaft fürstlichen Sinn verbindet, dem die Grösse und die würdige Entwickelung des Gesammtvaterlandes als ein oberstes und höchstes Gesetz gilt.

Kollegen und Kommilitonen der *Alberto-Ludoriciana*! Dass wir so glücklich sind, in unserem durchlauchtigsten *Grossherzog* einen Fürsten zu verehren, welcher jene beiden eben genannten Eigenschaften in mustergültiger Weise als ein hellleuchtendes Vorbild in seiner erhabenen Person vereiniget, dafür lasst uns gleichzeitig mit dem ganzen badischen Volk an dem wiederkehrenden *neunten September* öffentlich unseren tief empfundenen Dank dem Höchsten aussprechen und das inbrünstige Gebet hinzufügen:

Gott schütze und erhalte unsern geliebten Grossherzog

FRIEDRICH!

Er schütze und erhalte das ganze erlauchte Haus

der Zähringer.

Die Persönlichkeit des Sklaven

nach römischem Recht.

Erste Abtheilung.

Von

Dr. Adolf Schmidt,
Grossherzoglich badischem Hofrathe und ordentlichem Professor des römischen Rechts, Ritter erster Klasse des
Ordens vom zähringer Löwen.

Diejenigen irren, welche der Meinung sind, die Geschichte des Menschengeschlechts beginne mit den Ideen der Humanität und des Kosmopolitismus. In Wahrheit herrscht ursprünglich — soweit zurückzublicken überhaupt vergönnt ist — ein stark entwickeltes Stammesgefühl, welches auf der einen Seite alle zum Stamm (im weiteren Sinne) Gehörigen eng unter sich verbindet, andererseits dazu führt, dass der Stamm die nicht zu ihm zählenden Menschen betrachtet als lediglich für die Bedürfnisse des Stammes vorhanden. Daher waren die Kulturstaaten der alten Welt, wie demokratisch immer ihre Staatsformen zum Besten der Stammesgenossen geordnet sein mochten, in Wirklichkeit Aristokratieen im eminentesten Sinne des Worts, geleitet von der Voraussetzung der verhängnissvollen Nothwendigkeit, dass, damit ein Theil des Menschengeschlechts sich voll entwickele, ein anderer Theil desselben Menschengeschlechts jenem unbedingt zu dienen habe, wie das Thier seinem Herrn.

Diese Anschauungsweise ist jedenfalls die des römischen Volks und findet sich namentlich bei den Trägern der Rechtsüberzeugung dieser Nation, den Juristen, in der klassischen Zeit vollkommen klar dargestellt. Dass sie die Sklaverei als ein der gesammten damaligen Welt gemeinschaftliches

Institut ansehen, gibt sich kund in der Einreihung derselben unter die Institute des Jus gentium. Daran verhinderte sie auch keineswegs die klare Erkenntnis davon, dass die Sklaverei widervernünftig sei, vielmehr betrachteten sie trotzdem das unbedingt vorausgesetzte staatliche Bedürfniss als einen vollkommen zureichenden Grund für den Fortbestand des widervernünftigen Instituts.[1]

---

[1] *a*. Besonders klar spricht die Anschauung der alten Welt mindestens nach zwei Seiten hin aus die Definition von Florentinus in Fr. 4 § 1 de statu hominum: servitus est constitutio iuris gentium, qua quis dominio alieno contra naturam subiicitur. (Danach § 2 J. de iure personarum.) *b*. Darüber, dass die Sklaverei dem Ius gentium angehöre, sind die Quellen einig: Isidori orig. V, 6; Gaius I, 52; § 2 J. de iure naturali, gentium et civili; p. J. de libertinis; Fr. 4 de iustitia et Iure (Ulpianus); Fr. 64 de condictione indebiti (Tryphoninus); Fr. 4 § 1 cit. *c*. Auch darüber, dass sie dem natürlichen Menschenrecht widerspreche: Fr. 4 § 1 cit.; Fr. 64 cit. [libertas naturali iure continetur et dominatio ex gentium iure introducta est]; § 2 J. cit.; *d*. Wie kommt es, dass trotz dieser Naturwidrigkeit die Sklaverei dem Ius gentium angehören kann? Das Kriterium für die Gehörigkeit eines Rechtsinstituts zum ius gentium ist zunächst ein äusserliches: die Thatsache, dass dasselbe nach römischer Auffassung dem ganzen Menschengeschlecht gemeinschaftlich [ius, quod apud omnes gentes peraeque custoditur]. Das Bestehen einer derartigen Uebereinstimmung wird auf einen doppelten Grund zurückgeführt. Der erste beruht in dem unveränderlichen Faktor der menschlichen Natur nach ihrer vernünftigen Seite; der zweite in der praktischen Nothwendigkeit, wie dieselbe gerade von einer bestimmten Kulturstufe begriffen wird [usu exigente et humanis necessitatibus]: und wo diese beiden Elemente in Kollision gerathen, da erhält das zweite unbedingt den Vorzug. Gerade aus diesem

Das Wesen dieser Sklaverei besteht nach derselben Auffassung nicht darin, dass der Sklav einen Herrn hat² — denn es gibt servi sine domino — sondern einfach in der Rechtlosigkeit. Sklav ist der Mensch ohne Recht: das ist der Grund, wesshalb ihm die Persönlichkeit abgesprochen wird³ (denn sie ist das Recht Rechte haben zu können) und wesshalb er den Sachen, insbesondere den res mancipi sich einreiht.⁴

Nun aber war die Betrachtungsweise der Sklaven bei den Römern nicht zu allen Zeiten die gleiche, vielmehr lassen sich drei Stufen der Entwickelung unterscheiden.

Erstens: das alte civile ius führt das Prinzip der Rechtlosigkeit der Sklaven absolut durch.

---

zweiten Element leiten die Römer die Sklaverei ab: § 2 J. de iure naturali; Fr. 4 de iustitia et iure; cfr. Fr. 61 § 1 cit.; Fr. 4 § 1 cit.

² Von dieser Seite betrachtet ist die Definition von Florentinus nicht einwendungsfrei.

³ Fr. 3 § 1 de capite minutis (Paulus): servile caput nullum ius habet. Fr. 32 de regulis iuris (Ulpianus): Quod attinet ad ius civile, servi pro nullis habentur. Fr. 20 § 7 qui testamenta (Ulpianus): Servus quoque merito ad solemnia adhiberi non potest, quum iuris civilis communionem non habeat in totum, nec praetoris quidem edicti. Fr. 7 de lege cornelia de falsis (Marcianus): Nullo modo servi cum dominis suis consistere possunt, cum ne quidem omnio iure civili neque iure praetorio neque extra ordinem computantur. Theophilus II, 14 § 2: ὁ γὰρ οἰκέτης ἀπρόσωπος ὤν, ἐκ τοῦ οἰκείου χαρακτηρίζεται δεσπότου. Theophilus III, 17 p.

⁴ Ulpianus XXIX, 1.

Zweitens: das naturale ius, eine Form der fortschreitenden, allgemein menschlichen Entwickelung, erkennt allen Menschen Persönlichkeit zu und läugnet daher die Sklaverei im Prinzip: aber es übt nur sekundären Einfluss auf das praktische Recht.[5]

Drittens: die Kaiserzeit beginnt damit, mindestens ein vor Gericht verfolgbares, volles Recht beim Sklaven anzuerkennen, das unter bestimmten Umständen vorhandene Recht desselben auf die Freiheit.[6]

I. Das civile ius der alten Zeit, welchem wir uns zunächst zuzuwenden haben, ist vollkommen konsequent in der Verneinung eines jeden Rechts beim Sklaven.[7] Selbstverständlich ist der Mangel aller politischen Rechte: aber auch auf den beiden Hauptgebieten des Privatrechts gilt das Gleiche. Zunächst auf dem der Familie, weil dem Sklaven die Möglichkeit

---

[5] Auch das praetorium ius steht in der Hauptsache auf dem Standpunkte des ius civile: Fr. 20 § 7 cit.; Fr. 7 cit. (vergl. Anm. 3).

[6] Der Anfang liegt in der fideicommissoria libertas. — Weil das civile ius dem Sklaven absolut kein Recht zuerkannte, daher war die letztwillige Hinterlassung der Freiheit nur in der Form des legatum per vindicationem möglich, directa libertas, (denn dadurch wird der Sklav ipso iure frei, ohne auf Freilassung klagen zu müssen), nicht aber in der Form des legatum per damnationem: denn daraus erwächst ein Forderungsrecht des Bedachten.

[7] Damit soll keineswegs geläugnet werden, dass das Institut der Sklaverei einen innern Widerspruch in sich trage. Vergleiche darüber die interessanten Ausführungen Böcking's, Pandekten § 36.

der Ehe[8] und überdies die Möglichkeit der Verwandtschaft[9] abgesprochen wird. Und ganz ebenso auf dem Gebiete des Vermögensrechts, denn es kann der Sklav weder Eigenthum haben[10] noch auch Forderungen.[11]

---

[8] Paul. II, 19 § 6: Inter servos et liberos matrimonium contrahi non potest, contubernium potest. *a.* Die Sklaven haben kein connubium: C. 3 de incestis (Constantinus). *b.* Der Begriff des stuprum ist bei ihnen ausgeschlossen: Fr. 34 ad legem iuliam de adulteriis (Modestinus); C. 25 eod. tit. (Diocletianus et Maximinanus).

[9] Fr. 10 § 5 de gradibus (Paulus): Non parcimus his nominibus [id est cognatorum] etiam in servis; itaque parentes et filios fratresque etiam servorum dicimus; sed ad leges serviles cognationes non pertinent. Basil. 45, 3, 7; Fr. 1 § 2 unde cognati (Ulpianus); Fr. 12 § 4 de accusationibus (Venuleius); § 10 J. de gradibus. Theophilus I, 10, 10. Auch nach der Freilassung findet die Verbindung durch das Blut aus der Zeit der Sklaverei keine rechtliche Anerkennung: und es geht das so weit, dass sie selbst bei Demjenigen nicht anerkannt wird, der als freier Mann geboren zur Strafe Sklav und dann freigelassen wird: § 6 J. de capitis minutione; Fr. 7 unde cognati (Modestinus); cfr. Fr. 21 de statu hominum. [Dagegen nach naturale ius sind sie allerdings cognati: Fr. 12 § 4 de accusationibus; Basil. 60, 24, 12 § 3; Fr. 14 § 2, 3 de ritu nuptiarum (naturale ius); Theophilus 1, 10, 10 (ius sanguinis). Daher bildet diese Verbindung durch das Blut nach der Freilassung ein Ehehinderniss; denn die Ehe kann ihren naturalen Boden niemals verläugnen: § 10 J. de nuptiis; Theophilus ad h. l.; Fr. 8 Fr. 14 de ritu nuptiarum].

[10] § 3 J. per quas personas; Fr. 10 § 1 de acquirendo dominio (Gaius); Gaius II, 87.

[11] Fr. 41 de peculio (Ulpianus): Nec servus quidquam debere potest, nec servo potest deberi. Sed quum eo verbo abutimur, factum magis

Aus dem ersten folgt weiter seine persönliche Unfähigkeit zur civilis possessio;
denn die Bedeutung derselben besteht darin, dass sie zum Eigenthum führt.[12]
Aus allem zusammen aber ergibt sich, dass er aus eigener Person keine
actio haben kann, denn diese hat die Möglichkeit des Rechts beim actor
zur Voraussetzung.[13]

So viel von der Rechtlosigkeit der Sklaven. Das natürliche Korrelat
dazu wäre die Unmöglichkeit sich zu verpflichten: aber keine Sklaverei der
Welt war jemals gewillt oder auch nur im Stande, diese Konsequenz zu
ziehen. Zwar den Sklaven durch Kontrakt gebunden zu erklären, dafür

---

demonstramus, quam ad ius civile referimus obligationem. Fr. 22 p. de
regulis iuris (Ulpianus): In personam servilem nulla cadit obligatio.

[12] Fr. 49 § 1 de acquirenda possessione (Papinianus): Qui in
aliena potestate sunt, rem peculiarem tenere possunt; habere, possidere
non possunt, quia possessio non tantum corporis sed et iuris est. [Auch
habere ist ein auf das Recht des Behaltens abzielender Ausdruck]. Fr. 38
§ 6, 7, 8 de verborum obligationibus (Ulpianus); Fr. 118 de regulis iuris
(Ulpianus). Die älteste Bezeichnung des Besitzes ist uti; die älteste
rechtliche Bedeutung desselben die usucapio; daher ist der Besitz civilen
Ursprungs. Nur den ersten selbstständigen Schutz hat der Prätor dem
Besitz gewährt.

[13] Ein rechtloser Mann hat überhaupt nicht die Befugniss, als selbstständige
Partei in iure zu erscheinen: Fr. 107 de regulis iuris (Gaius): Com
servis nulla actio est. Fr. 13 si quis cautionibus (Julianus):
Quoties servus iudicii sistendi causa ut ipso litigaturus vel ab alio stipulatur vel ipse promittit, nec committitur stipulatio nec fideiussores tenentur,
quia servus conveniri vel convenire non potest. Cfr. Gaius III, 179.

bestand keine dringende Veranlassung, denn es ist Niemand genöthiget, mit einem Sklaven zu kontrahiren. Daher wird aus ihnen der Sklav nicht obligirt,[14] er ist nicht debitor im civilen Sinne.[15] Dagegen wäre der Satz, dass der Sklav auch nicht aus Delikten verhaftet sei, ein Freibrief gewesen, für das Verbrechen, den keine Sklaven haltende Nation jemals auszustellen geneigt sein konnte. Daher hat man zu allen Zeiten gleichmässig gesagt: der Sklav kann delinquiren und wird mit seiner Person durch das Delikt verpflichtet. Das zeigt sich zuerst darin, dass der Sklav allen Kriminalgesetzen unterworfen ist, sofern nur die Anwendung der in ihnen angedrohten Strafen auf denselben sich als möglich erweist.[16] Aber auch die Privatdelikte konnte

---

[14] Fr. 14 de obligationibus et actionibus (Ulpianus): Servi quidem ex delictis obligantur et si manumittantur obligati remanent; ex contractibus autem civiliter quidem non obligantur, sed naturaliter et obligantur et obligant. Fr. 13 eod. tit. (Paulus): — Servus autem ex contractibus non obligatur. Gaius III, 104, 176, 179; § 6 J. de inutilibus stipulationibus.

[15] Fr. 41 de peculio (Anm. 11).

[16] Fr. 12 § 4 de accusationibus (Venuleius): Omnibus autem legibus servi rei fiunt, excepta lege iulia de vi privata, quia ea lege damnati tertiae partis bonorum publicatione puniuntur, quae poena in servum non cadit. Idemque dicendum est in ceteris legibus, quibus pecuniaria poena irrogatur, vel etiam capitis, quae servorum poenis non convenit, sicuti relegatio. Im Uebrigen werden bekanntlich die Sklaven sogar strenger bestraft als die ehrbaren Freien: Fr 10 § 1 Fr. 10 § 3 Fr. 28 § 16 de poenis.

man nicht ungeahndet lassen; namentlich erschien die Straflosigkeit des furtum geradezu und von jeher als unthunlich. Dabei ergaben sich jedoch, legislativ betrachtet, ein paar Schwierigkeiten. Die eine beruht in dem oben schon hervorgehobenen Satz cum servo nulla actio est, die andere in dem Umstande, dass die vermögentlichen Privatstrafen auf den Sklaven unanwendbar waren. Nun hätte man allerdings bestimmen können, dass in allen Fällen, wo gegen freie Leute Privatstrafen geordnet sind, der Sklav mit öffentlicher Strafe belegt werden solle, allein diesen Weg hat das römische Recht zu keiner Zeit eingeschlagen. Es wählte vielmehr ein Verfahren, welches auch in diesem Falle eine condemnatio pecuniaria möglich machte, und zwar in folgender Art.

a. Durch ein Privatdelikt wird auch der Sklav vollständig obligirt.[17] Nur eine logisch nothwendige Ausnahme wird anerkannt: zwischen Herrn und Sklaven ist von civilem Standpunkte aus eine jede, auch die Deliktsobligation unmöglich.[18]

---

[17] Fr. 14 de obligationibus (Anm. 14). Savigny, System II Beilage IV. — In einer eigenthümlichen Kollision der Pflichten befindet sich der Sklav dann, wenn ihm sein Herr die Vornahme eines Delikts befiehlt. Die römische Jurisprudenz löst sie dahin, dass der Sklav bei solchen Befehlen (aber auch nur bei solchen), die ein eigentliches facinus nicht enthalten, dem Herrn Folge zu leisten verbunden sei, mithin in diesem Falle durch die Befolgung des Befehls nicht ex delicto haftbar werden könne: Fr. 20 de obligationibus et actionibus (Alfenus).

[18] Der Grund davon liegt darin, dass zu einer jeden Obligation zwei selbstständig sich gegenüberstehende Subjekte gehören; der Herr kann civiliter

b. Das Delikt haftet an seinem Haupt, dergestalt, dass ihn die

den Sklaven so wenig zum Schuldner oder Gläubiger haben, wie sich selber: Gai IV, 78; § 6 J. de noxalibus actionibus. Fr. 17 p. de furtis (Ulpianus): Servi et filii nostri furtum quidem nobis faciunt, ipsi autem furti non tenentur; neque enim qui potest in furem statuere, necesse habet adversus furem litigare; idcirco nec actio ei a veteribus prodita est. Fr. 16 eod. tit. (Paulus): Ne cum filiofamilias pater furti agere possit, non iuris constitutio sed natura rei impedimento est, quod non magis cum his, quos in potestate habemus, quam nobiscum ipsi agere possumus. C. 1 de noxalibus actionibus. [Offenbar ist der von Paulus angegebene Grund der durchschlagende.] *a.* Ob nach dem Verkauf oder der Freilassung der Klage des ehemaligen Herrn statt zu geben sei, war nicht unbestritten; es wurde jedoch allmälig verneint auf Grund des Satzes, dass eine nicht von Anfang der That an vorhandene Klage nicht nachträglich zur Entstehung kommen könne: Fr. 17 § 1 de furtis (Ulpianus): Unde est quaesitum, si fuerit alienatus vel manumissus, an furti actione teneatur. Et placet, non teneri; neque enim actio, quae non fuit ab initio nata, oriri potest adversus hunc furem. [Bei Gaius IV, 78 findet sich keine Spur der Streitfrage.] In Fr. 11 de minoribus wird uns von Ulpian mitgetheilt, dass Kaiser Severus in einem Reskript so entschieden habe; uns ist dasselbe erhalten in C. 1 de noxalibus actionibus. *b.* Wenn der Sklave in die Gewalt des von ihm Verletzten kommt, so geht nach der Meinung der Cassianer die obligatio ex delicto deshalb unter, quia in eum casum deducta sit, in quo actio consistere non potuerit: Gaius IV, 78; Fr. 18 de furtis (Paulus); auch der Proculejaner Neratius gedenkt dieser Ansicht, jedoch ohne sich über sie auszusprechen (Fr. 64 de furtis). Die entgegengesetzte Schule behauptete, die Klage ruhe lediglich bis zur wiedererstandenen Möglichkeit: Gaius IV, 78. In

Obligation daraus, überallhin begleitet, auch in die Freiheit:[19] noxa caput sequitur.

c. So lange die Sklaverei währt, ist die Privatklage aus dem Delikt des Sklaven gegen Denjenigen begründet, in dessen potestas der Deliquent zur Zeit der Klagerhebung sich befindet.[20] Es soll jedoch der Gewalthaber wider seinen Willen nicht weiter belastet werden, als bis zum Verlust des Sklaven: daher das Recht der noxae datio.[21]

---

den Pandekten hat die strengere Ansicht Aufnahme gefunden: Fr. 17 § 2 de furtis (Sabinus, Ulpianus); Fr. 37 de noxalibus actionibus (Tryphoninus).

[19] Gaius IV, 77; § 5 J. de noxalibus actionibus; Theophilus ad h. l.; Fr. 24 de noxalibus actionibus (Paulus); Paulus II, 31 § 8. Cfr. Fr. 18 de furtis; Fr. 14 de obligationibus et actionibus; Fr. 15 de condictione furtiva.

[20] a. Vielleicht gingen die noxales actiones anfangs lediglich gegen den dominus (C. 2 de furtis); jedenfalls sagte das Edikt, zu belangen sei, in wessen potestas der Sklav sich gerade befindet: Fr. 21 § 2 de noxalibus actionibus; die potestas aber hat, wer den Sklaven besitzt cum opinione domini: Fr. 11 Fr. 13 Fr. 21 § 3 Fr. 22 p. — § 2 de noxalibus actionibus. Bei dem servus in fuga ist daher keine noxalis actio möglich: Paulus II, 31 § 32; natürlich noch weniger bei dem servus sine domino.
b. Zur Zeit des Formularprozesses war offenbar die intentio der Person des Sklaven zu entnehmen, die condemnatio aber auf die Person des Gewalthabers zu verstellen (natürlich mit dem Zusatz des alternativen Rechts der noxae deditio): daher heisst hier der Herr defensor, er ist in der That Vertheidiger des Angeklagten auf eigene Rechnung: Fr. 21 § 1 Fr. 22 § 3 Fr. 26 § 6 de noxalibus actionibus.

[21] Gaius IV, 75. a. Das Recht des noxae accipiens unterliegt der gewöhnlichen Regel, wonach Niemand mehr Rechte auf einen Dritten übertragen kann, als er

d. Nach der Freilassung bedarf der ehemalige Sklav keines defensor mehr; da er von jetzt an sich selbst vor Gericht vertheidigen kann, so geht nunmehr die frühere noxalis actio als directa actio wider ihn.[22]

selber hat. Wenn jedoch der noxae dans nicht der Eigenthümer war, so wird jener gegen die rei vindicatio des Eigenthümers geschützt auf dem Wege der exceptio: Fr. 11 de noxalibus actionibus. *b.* Der noxae datus servus ist von dem Herrn vollkommen losgelässt: § 3 J. de noxalibus actionibus; Theophilus ad h. l. Dieser hat dem neuen Herrn gegenüber das Recht, Freilassung zu verlangen, sobald der zugefügte Schaden ersetzt ist: § 3 J. cit.; Theophilus cit.; Collatio II, 3 § 1 (Papinianus). Das ist nicht blos dann der Fall, wenn ein Dritter zahlend eintritt, sondern auch wenn der Sklav selbst durch Arbeit dem Herrn so viel verdient hat, als er aus dem Delikt schuldet. Das letztere sagt ausdrücklich Theophilus; und wenn auch die Interpreten desselben geneigt sind, die Wahrheit dieser Behauptung zu bestreiten, so passt doch dazu die Ausdrucksweise der Institutionen und Papinian's und überdies gibt der suis nummis emtus eine ganz passende Analogie: Fr. 4 § 10 de manumissionibus.

[22] S. die Stellen der Anm. 19. — Der Akt der manumissio ändert an der Natur der obligatio ex delicto überhaupt nichts. So wenig der durch den äusseren Abschluss eines Kontrakts nicht obligirte Sklav dadurch in die obligatio nachträglich eintritt, dass er frei wird: ebenso wenig scheidet der durch Delikt obligirte Sklav aus der Obligation aus durch den Akt der Manumission. Die einzige Aenderung ist eine prozessualische, er kann von jetzt an sich selbst vertheidigen. — Uebrigens beweist die noxalis actio, dass der Satz von Fr. 133 de regulis iuris [Ulpianus: Melior conditio nostra per servos fieri potest, deterior fieri non potest], auf dem Gebiete der Kontrakte richtig, keine Beziehung hat auf das der Delikte.

II. Ein Recht, welches dem Sklaven die Deliktsfähigkeit beimisst, kann demselben trotz seiner Rechtsunfähigkeit das Vermögen nicht absprechen, dasjenige thatsächlich vorzunehmen, wodurch ein Rechtsfähiger erwirbt. Da nun der Sklav dazu bestimmt ist, seinem Herrn den grösstmöglichen Nutzen zu gewähren, so fügt das civile ius die bedeutsamen Sätze hinzu:

a. der Sklav, welcher einen Herrn hat, hat rechtlich die Erwerbsfähigkeit seines Herrn;

b. er erwirbt nicht für sich, sondern für seinen Herrn.

Er hat rechtlich die Erwerbsfähigkeit seines Herrn. Das sagt am deutlichsten Theophilus[23] in folgenden Worten:

Οἱ οἰκέται ἀπρόςωποι ὄντες, ἐκ τῶν προςώπων τῶν οἰκείων δεσπότων χαρακτηρίζονται

und es bewährt sich die Regel im Einzelnen. Denn seine Fähigkeit, sich durch Stipulation versprechen zu lassen, wird abgeleitet ex persona domini;[24] er hat die testamentifactio ex persona domini;[25] und ebendaher die Möglichkeit,

---

[23] Theophilus ad p. J. de stipulationibus servorum.

[24] p. J. de stipulationibus servorum. Theophilus ad h. l.

[25] *a.* Heredis Institutio: Ulpianus XXII § 9: Alienos servos heredes instituere possumus eos tantum, quorum cum dominis testamenti factionem habemus. Fr. 1 p. de heredibus instituendis (Gaius); § 4 J. de heredum qualitate. *b.* Legatum: Fr. 12 § 2 de legatis I, Pomponius: Regula iuris civilis est, quae efficit, ut, quibus ipsis legare possumus, eorum quoque servis legare possimus. Fr. 82 § 2 de legatis II (Paulus); Fr. 5 de

civilis possessio und Eigenthum zu erwerben.²⁶ In Folge dieses Satzes ist der Sklav des civis romanus im Allgemeinen aller Rechtsgeschäfte fähig, welche sein Herr vorzunehmen befugt ist:²⁷ und zwar nicht blos derjenigen, welche dem ius gentium zugezählt werden, wie stipulatio²⁸ und traditio,²⁹ sondern auch der civiles acquisitiones,³⁰ wie mancipatio,³¹ usucapio,³² hereditatis aditio, selbst in der Form der cretio.³³ Nur von der in iure

---

servitute legata (Papinianus). *c.* Die Ableitung der testamentifactio aus der Person des Herrn wird so streng durchgeführt, dass sie aus diesem Grund selbst demjenigen Sklaven zugeschrieben wird, der seinerseits niemals zur Freiheit gelangen darf: Fr. 82 § 2 cit. *d.* Aus dem gleichen Grunde kann auch der eigene Sklav (natürlich nur cum libertate) zum Erben eingesetzt werden: Ulpianus XXII, 7.

[26] Gaius II, 89. Das Genauere später.

[27] Ex quulibet causa: Gaius II, 87; § 3 J. per quas personas.

[28] Vergl. Anm. 24.

[29] Gaius II, 87; § 3 J. per quas personas; Ulpianus XIX, 18; C. 1 per quas personas (Diocletianus et Maximinianus).

[30] Mit Unrecht behauptet z. B. Schwanert, die Naturobligationen p. 44, 237, 260, die Sklaven können nur dem ius gentium, nicht auch dem civile ius angehörige Rechtsgeschäfte vornehmen.

[31] *a.* Die mancipatio gehört zum proprium ius civium romanorum: Gaius I, 119; II, 65; Ulpianus XIX, 14. *b.* Der Sklav ist befugt sie vorzunehmen: Gaius II, 87; III, 166, 167; Ulpianus XIX, 18.

[32] *a.* Sie ist propria civium romanorum. Gaius II, 65. *b.* Der Sklav kann usukapiren. Gaius II, 89.

[33] Gaius II, 188, 189, 190. Gaius II, 166; Ulpianus XXII, 28.

cessio wird uns ausdrücklich berichtet, dass der Sklav sie vorzunehmen ausser Stande sei,[34] und der Grund dieser Ausnahme ist einleuchtend; da nämlich die in iure cessio die Form der legis actio an sich trägt, so steht (abgesehen von der allgemeinen Begründung bei Gaius) der Satz entgegen cum servo nulla actio est.

Aber auch nur die rechtliche Befähigung zur Vornahme des Rechtsgeschäfts wird aus der Person des Herrn beurtheilt, dagegen die nach allgemeinen Grundsätzen in der Person des Handelnden natürlich-nothwendigen Erfordernisse sind zu beurtheilen aus der Persönlichkeit des Sklaven; ein furiosus servus kann ebenso wenig ein Rechtsgeschäft vornehmen, als ein wahnsinniger freier Mann.[35]

Wenn nun in dieser Art der Sklav einen Akt vornimmt, durch welchen ein Freier für sich selbst erwerben würde, so erwirbt er seinem Herrn,[36] worin immer der Erwerb bestehen möge.[37] Dieser Erwerb kann desshalb

---

[34] *a*. Sie gehört zum proprium ius: Gaius II, 65. *b*. Der Sklav kann sie nicht vornehmen: Gaius II, 96; Vaticana fragm. 51.

[35] Vergl. Fr. 1 § 9, 10 de acquirenda possessione (Paulus).

[36] Die Darstellung der Theilung des Erwerbs zwischen Eigenthümer, Usufruktuar und bonae fidei possessor gehört nicht zur Aufgabe dieser Abhandlung.

[37] Gaius I, 52: — nam apud omnes perneque gentes animadvertere possumus, dominis in servos vitae necisque potestatem esse et quodcunque per servum adquiritur, id domino adquiri (Fr. 1 § 1 de his, qui sui vel alieni iuris sunt; § 1 J. eod. tit.) Gaius II, 87: Igitur (quod) liberi nostri, quos in potestate habemus, item quod servi nostri mancipio accipiunt vel ex traditione nanciscuntur sive quid stipulentur vel ex aliqualibet causa

nicht durch die Persönlichkeit des Sklaven hindurchgehen, weil derselbe des Erwerbs überhaupt unfähig; daher erwirbt der Herr sofort und unmittelbar von dem Dritten, wenn auch durch das Medium des Sklaven.[36]

---

adquirant, id nobis adquiritur — § 3 J. per quas personas). Gaius III, 163; Fr. 41 de peculio. — Gaius (III, 114) hebt als Ausnahme hervor, dass der Sklav nicht durch adstipulatio erwerbe. Das ist begreiflich. Der adstipulator wird nämlich Gläubiger ex mandato eines Anderen, wird also mit der actio mandati auf Herausgabe dessen belangt, was ihm gezahlt worden ist (Gai. III, 111, 117). Da nun der Sklav seinem Herrn erwerben, nicht aber ihn verpflichten kann, so würde in vorliegendem Fall der Herr Gläubiger werden aus der Stipulation, ohne Schuldner zu werden aus dem Mandat. Um dem auszuweichen, untersagte die Jurisprudenz das Ganze; sie fasste die beiden, formell getrennten Geschäfte wie ein einziges auf, was sie materiell in der That auch waren.

[36] Fr. 79 de acquirenda hereditate (Ulpianus): Placet, quoties acquiritur per aliquem hereditas vel quid aliud ei, cuius quis in potestate est, confestim acquiri ei, cuius est in potestate, neque momento aliquo subsistere in persona eius, per quem acquiritur, et sic acquiri ei, cui acquiritur. Gaius II, 87 (Erbschaft); Fr. 45 de verborum obligationibus, Ulpianus (Stipulation); Gaius II, 89: Non solum autem proprietas per eos, quos in potestate habemus, adquiritur nobis, sed etiam possessio; cuius enim rei possessionem adepti fuerint, id nos possidere videmur: unde etiam per eos usucapio procedit. [Fr. 10 § 2 de acquirendo dominio; § 3 J. per quas personas.] Cfr. Fr. 1 § 5 de acquirenda possessione. Es ist also dieser Grundsatz auch auf das thatsächliche Gebiet des Besitzes übertragen worden.

Dieser Erwerb des Herrn erfolgt weiter wider Wissen und Willen des Herrn.[39]

Endlich erfolgt der Rechtserwerb auch dann dem Herrn, wenn er den Sklaven nicht besitzt.[40]

---

[39] Fr. 32 de acquirendo dominio (Gaius): Etiam invitis nobis per servos acquiritur paene ex omnibus causis. Fr. 46 de iure dotium (Julianus); Fr. 62 de verborum obligationibus (Julianus). Aber das gilt auch nur für den reinen Erwerb; daher das paene in Fr. 32.

[40] Der von seinem Eigenthümer nicht besessene Sklav ist entweder im Besitz der Freiheit oder im Besitz eines Dritten (sei dieser nun bonae oder malae fidei possessor). Dem bonae fidei possessor erwirbt er, gleich dem Usufruktuar, theils ex operis suis theils ex re possessoris (Gaius II, 91, 92). Wie steht es nun mit demjenigen Erwerb, den ein nicht vom Eigenthümer besessener Sklav macht, ohne dass er einem Dritten zukommt? *a.* Darüber war man offenbar von jeher im Prinzip einig, dass dieser Erwerb dem dominus zufalle (Gaius II, 92) und wir finden das im Einzelnen bestätigt für die actio emti (Fr. 31 § 1 de rebus creditis; cfr. Fr. 24 § 1 de actionibus emti: Sabinus, Cassius, Julianus, Paulus), die actio mandati (Fr. 22 § 9 mandati: Paulus, Mela), die hereditas, das legatum (Gaius II, 92), welcher letzteren Stelle die Kompilatoren in Fr. 50 § 3, 4 de acquirendo dominio das donatum eingefügt haben, und die stipulatio (Fr. 25 § 2 de liberali causa; Gaius). *b.* Nur ein Bedenken hatte Proculus. Von der Lehre ausgehend, dass man den Besitz nicht erwerbe durch einen Sklaven, den man nicht besitze (davon sofort), folgerte er, dass der Herr durch traditio an einen solchen auch nicht Eigenthum erwerben könne: Fr. 21 p. de acquirendo dominio (Pomponius). Allein diese Ansicht kam nicht zur Geltung; vielmehr berichtet uns schon

III. So viel von den allgemeinen Prinzipien des Erwerbs des Herrn durch den Sklaven. Drei Punkte aber bedürfen noch der besonderen Erörterung: der Erwerb der stipulatio, der Erwerb auf Grund des letzten Willens, endlich der Besitzerwerb.

Was zuvörderst die Stipulation anlangt, so ist

1) die Person, welcher versprochen werden kann, überall nur der Herr.

Wie kein freier Mann einem Dritten durch Stipulation etwas versprechen lassen kann, so kann es auch der Sklav nicht; vielmehr ist eine derartige Stipulation ungültig.[41]

Gaius, der Eigenthumserwerb des Herrn durch traditio an seinen, nicht von ihm besessenen Sklaven sei zweifellos (nur das se fraglich, ob durch diese Traditio Besitz erworben werde): Fr. 25 § 2 de liberali causa; und auch Papinian geht von der gleichen Voraussetzung aus in Fr. 50 § 3 de peculio.

Fr. 30 de stipulationibus servorum (Paulus): Servus alienus alii nominatim stipulando non acquirit domino. Fr. 1 § 3 eod. tit. (Julianus): Quod servus meus meo servo dari stipulatur, id perinde haberi debet ac si mihi stipuletur; item quod tuo servo stipulatur, perinde ac si tibi stipulatus esset, ut altera stipulatio obligationem pariat, altera nullius momenti sit. Fr. 3 § 17 de verborum obligationibus (Ulpianus): Alteri stipulari nemo potest, praeterquam si servus domino, filius patri stipuletur — a. Darüber war man nicht einig, was zu gelten habe, wenn der Sklav sibi et ei, cuius iuri subiectus non est hatte versprechen lassen. Die Sabinianer folgten der milden Ansicht, dass hier

Nicht nothwendig ist, dass der Sklav in der Stipulationsform dem Herrn namentlich versprechen lasse, vielmehr genügt es, wenn er entweder impersonaliter oder sibi oder conservo suo versprechen lässt; denn in allen diesen Fällen ist, praktisch betrachtet, dem Herrn versprochen.[42]

2) Es gilt der wichtige Satz: in stipulationibus id tempus spectatur, quo contrahimus[43] d. h. die Stipulation wird, der gewöhnlichen Regel entsprechend, unmittelbar und sofort dem Herren erworben. Daraus folgt:

a. ob die Stipulation zulässig sei, das entscheidet sich lediglich aus der Person des gegenwärtigen Herrn;[44]

b. wenn die Bedingung der Stipulation erst nach der Freilassung des Sklaven eintritt, so hat der Herr doch die Klage.[45]

---

die Hinzufugung des Dritten zu streichen sei, dagegen behaupteten die Proculejaner, es sei das Versprechen zur Hälfte ungültig und diese strengere Auffassung ist von Justinian gebilliget: Gaius III, 103; § 4 J. de inutilibus stipulationibus. b. Auch die accepti rogatio in Bezug auf eine Schuld seines Herrn kann der Sklav natürlich vornehmen, denn species acquirendi est, liberare dominum obligatione: Fr. 8 § 2, 4 Fr. 11 de acceptilatione.

[42] Fr. 1 p. § 3 (Julianus) Fr 15 (Florentinus) de stipulatione servorum.

[43] Fr. 144 § 1 de regulis iuris (Paulus). Uebrigens gilt diese Regel, weil sie Ausfluss eines allgemeinen Prinzips ist, auch bei den andern Kontrakten: Fr. 1 § 30 depositi (Ulpianus).

[44] Der Sklav kann alles versprechen lassen, was seinen gegenwärtigen Herrn reicher macht, auch wenn er selbst nach der Freilassung es nicht erwerben könnte, z. B. viam ad fundum domini dare: Vaticana fragm. § 56; Fr. 2 de servitute legata (Marcellus).

[45] Fr. 40 de stipulationibus servorum (Pomponius): Quidquid contraxit servus dum nobis servit, etiam si stipulationem contulit in

3) Nur wenn in der Stipulation der Sklav ausdrücklich genannt ist, so ist er auch gemeint und die Sache ist, insoweit es sich nicht um den Erwerb des Rechts handelt, aus seiner Person zu beurtheilen."

In Bezug auf den Erwerb durch Erbeseinsetzung und Legat gelten folgende Regeln:

1) Die testamenti factio wird, wie wir oben gesehen haben, aus der Person des Herrn beurtheilt; und es geschieht das vollständig nach den gewöhnlichen Grundsätzen. Demnach muss der Herr die testamenti factio haben im Zeitpunkte der Testamentserrichtung, ferner im Zeitpunkte der Delation und von da an bis zur Acquisition; so dass der Satz media tempora

---

alienationem vel manumissionem suam, tamen nobis id acquisitum erit, quia potestas eius tunc, quum id contraheretur, nostra fuit. — Cfr. Fr. 79 de verborum obligationibus; Fr. 18 de regulis iuris.

⁴⁶ *a.* Wenn es in der Stipulation heisst illud aut illud, quod ego voluero und dergleichen, so hat der Sklav zu wählen, nicht der Herr: Fr. 76 p. (Paulus) Fr. 141 p. (Gaius) de verborum obligationibus. *b.* Wenn seiner Person versprochen wird, was in seiner Person unmöglich, so ist das Versprechen ungültig: Fr. 36 de stipulationibus servorum (Pomponius): Si servus meus a liberto meo operas sibi dari stipuletur, inutilem stipulationem esse, Celsus scribit; aliter atque si non adiecto hoc verbo sibi stipulatus fuerit. *c.* Wo in dem letzten Falle eine dem Herrn gunstige Auslegung irgend zulässig, da tritt diese ein; possidere mihi licere wird daher beim Sklaven nicht im Sinne von civiliter possidere (was der Sklav nicht vermag), sondern von tenere verstanden: Fr. 37 § 7, 8 de verborum obligationibus (Ulpianus); sibi habere licere bezieht sich eigentlich auf das Recht des Behaltens, daher verwarf Julian eine derartige stipulatio

non nocent auch hier seine Gültigkeit behauptet; der Wechsel des Herrn aber ist im Uebrigen indifferent.⁴⁷

2) Mit der Testamentserrichtung, also mit der Vollendung des Rechtsgeschäfts, werden Erbschaft und Legat niemals erworben, sondern die Erbschaft erst mit der Antretung auf Grund der Delation, das Legat mit der cessio diei.⁴⁸ Dem entsprechend gilt hier der Satz: alles, was nicht zur

---

servi, Ulpian dagegen meint, beim Sklaven müsse man es verstehen gleich sibi possidere licere: Fr. 38 § 6.

⁴⁷ Das wird als eine selbstverständliche Konsequenz dargestellt von Florentinus in Fr. 49 § 1 de heredibus instituendis. Auch Ulpian geht von der gleichen Voraussetzung aus, wenn er in Fr. 6 § 2 eod. tit. sagt: Solemus dicere, media tempora non nocere — Servus alienus sub conditione heres scriptus traditus est servo hereditario, mox usucaptus ab extraneo; non est vitiata institutio. [Die Delation einer bedingt hinterlassenen Erbschaft erfolgt bekanntlich erst mit Eintritt der Bedingung. Wäre der eingesetzte Sklav zu diesem Zeitpunkt im Eigenthum des Nachlasses gewesen, so war die Möglichkeit Erbe zu werden erloschen; da er zwar nach dem Tode des Erblassers in ein solches Eigenthumsverhältniss gerathen, aber zur Zeit der Delation sich nicht mehr darin befand, so entscheidet auch für ihn der Satz media tempora non nocent]. Die gleiche Anerkennung liegt in Fr. 50 p. eod. tit.

⁴⁸ Das wird namentlich genau besprochen für das Legat. a. Dasselbe wird dem Herrn erworben erst mit der cessio diei, dann aber behält er es, auch wenn der Sklav nachträglich die Freiheit erhält: Fr. 68 § 1 de legatis I (Gaius). b. Hierin liegt eine wesentliche Verschiedenheit von der Stipulation, denn diese wird (Anm. 43) dem Herrn erworben in dem Augenblick ihres Abschlusses: Fr. 18 de regulis Iuris (Pomponius):

testamenti factio gehört, wird beurtheilt aus der Person des Sklaven: dicimus servi personam inspici in testamentis.[49]

a. Daher folgen Erbeseinsetzung und Legat dem Haupte der Sklaven.[50] Demjenigen fällt der Erwerb zu, welcher im Augenblick der delatio hereditatis oder der cessio diei beim Legat Eigenthümer des bedachten Sklaven ist und wenn der letztere in diesem Zeitpunkte civis, so erwirbt er selbst.[51]

b. Daher kann dem Sklaven alles, aber auch nur das legirt werden, was er als Freier erwerben kann, ohne alle Rücksicht auf den gegenwärtigen Herrn.[52]

Quae legata mortuis nobis ad heredem nostrum transeunt, eorum commodum per nos his, quorum in potestate sumus eodem casu acquirimus: aliter atque quod stipulati sumus; nam et sub conditione stipulantes omnimodo iis acquirimus, etiamsi liberatis nobis conditio existat.

[49] Fr. 82 § 2 de legatis II (Paulus).

[50] Es gilt also ein ähnliches Prinzip wie es in den Sätzen liegt: noxa caput sequitur und statuliber causam suam secum trahit.

[51] *a.* Ulpianus XXII, 13: Alienus servus heres institutus si quidem in ea causa permanserit, iussu domini debet hereditatem adire; quodsi vivo testatore manumissus aut alienatus a domino fuerit, aut suo arbitrio aut iussu emptoris poterit adire hereditatem. Cfr. Gaius II, 189; § 1 J. de heredibus instituendis. *b.* Auch für das Legat gilt die gleiche Regel: Fr. 5 quando dies (Ulpianus); Fr. 91 § 3 (Julianus) Fr. 114 § 10 (Marcianus) de legatis I. *c.* Gehört der Freigelassene zu der Kategorie derjenigen, denen die testamenti factio fehlt, so müssen legatum und hereditas zusammenfallen.

[52] Die Regel hat Fr. 82 § 2 de legatis II (Paulus); Fr. 5 de servitute legata (Papinianus): Etsi maxime testamenti factio cum servis alienis

c. Wenn im Augenblick der delatio hereditatis der eingesetzte Sklav frei und erbfähig, so erwirbt er für sich und nach seinem Ermessen. Ist er dagegen zu diesem Zeitpunkte in fremdem Eigenthum, so entscheidet über die Annahme sein Herr.[53] Der Akt des Antritts aber hat hinwiederum durch den Sklaven selbst zu erfolgen, namentlich die formula cretionis hat er zu sprechen, nicht sein Herr,[54] sowie auch die Tage der vulgaris cretio aus seiner Person zu berechnen sind.[55]

---

ex persona dominorum est, ea tamen, quae servis relinquuntur ita valent, si liberis relicta possent valere; sic ad fundum domini via servo frustra legatur. *b.* Daher kann ihm legirt werden, was seinem gegenwärtigen Herrn nicht legirt werden kann: Fr. 82 § 2 de legatis II [von zweifelhaftem Sinn ist Fr. 17 § 1 de legatis]. *c.* Daher kann ihm nicht legirt werden, was zwar sein Herr, aber nicht er selbst als Freier erwerben kann: Fr. 5 cit. Vaticana fragm. § 56. *d.* Daraus folgt mit Nothwendigkeit eine wesentliche Differenz zwischen dem Rechte der stipulatio und dem des legatum: Vaticana fragm. § 56: Item servo via inutiliter legatur; stipulatur autem eam utiliter, si dominus fundum habeat. *e.* Die capiendi capacitas muss natürlich bei Demjenigen sein, der auf Grund der ihm gewordenen Delation die Erbschaft erwerben will: Fr. 82 de acquirenda hereditate (Terentius Clemens).

[53] Ulpianus XXII, 13 (Anm. 51) XIX, 19; Gaius II, 87, 189, 190, 245; § 2 J. per quas personas; § 1 J. de heredibus instituendis. Hier gilt also die Regel nicht, dass der Herr ohne Wissen und Wollen erwerbe, und aus einem begreiflichen Grunde; der Erbschaftserwerb ist nämlich nur möglicher Weise eine Vermehrung des Vermögens, nicht nothwendiger Weise: Fr. 6 de acquirenda hereditate; das ist der Hauptfall, worauf Fr. 32 der Anmerkung 39 anspielt.

[54] Ulpianus XXII, 13; Gaius II, 189. Vergl Anm. 33.

[55] Gaius II, 190.

IV. Ganz besondere Schwierigkeiten machte der römischen Jurisprudenz der Besitzerwerb durch den Sklaven.[36] Im Allgemeinen standen sich zwei Grundanschauungen gegenüber. Vorzugsweise die Schule der Proculejaner nämlich, festhaltend an der faktischen Natur des Besitzes, läugnete diesen Besitzerwerb in einigen bestimmten Fällen, wo seine Anerkennung praktisch wünschenswerth erschien. Die andere Schule trug dagegen kein Bedenken weiter zu gehen, dem allerdings der Grenzbestimmung entbehrenden Satze folgend, possessio non tantum facti sed et iuris est: und in der Hauptsache trug diese zweite Auffassung im Laufe der Zeit den Sieg davon.

Die persönliche Fähigkeit des Sklaven, die Thatsache des Besitzes, also corpus und animus, zu vollziehen, hat natürlich keine Partei jemals bezweifelt.[37] Auch darüber scheint man von jeher einig gewesen zu sein, dass der Satz, „was der Sklav erwirbt, das erwirbt er dem Herrn" auch auf den Besitzerwerb Anwendung finden könne.[38] Dagegen waren folgende Punkte Gegenstände der Kontroverse.

1) Für den Eigenthumserwerb des Herrn durch den Sklaven ist keineswegs unbedingte Voraussetzung, dass der Herr den Sklaven besitze. Dagegen ist der Besitz das thatsächliche Haben der Sache; man fragte daher:

---

[36] Savigny hat in seinem berühmten Buche von dem Besitz den uns hier interessirenden Fragen verhältnissmässig nur geringe Aufmerksamkeit geschenkt. Seine Tendenz ist vorwiegend eine praktische.
[37] Fr. 3 § 12 de acquirenda possessione (Paulus).
[38] Gaius II, 99; Fr. 10 § 2 de acquirendo dominio (Gaius); § 3 J. per quas personas.

kann der Herr Besitz erwerben durch denjenigen Sklaven, welchen er selbst nicht besitzt? Eine Anzahl römischer Juristen sagte ganz entschieden: durch die unserer Gewalt Unterworfenen erwerben wir nur Besitz, wenn wir sie besitzen. Demgemäss läugneten z. B. Proculus und Julianus den Besitzerwerb des Herrn durch denjenigen Sklaven, welchen der Eigenthümer nicht besitzt,[59] und stellte man gleichfalls den Besitzerwerb des usufructuarius servi durch den Sklaven in Abrede, denn der Usufruktuar besitze den Sklaven nicht.[60] Dieselbe Schule erklärte den Besitzerwerb des Gewalthabers durch die in manu und in mancipio Befindlichen für unzulässig, weil jener diese überhaupt nicht besitze.[61] Dennoch scheint auch von dieser

---

[59] Fr. 21 p. de acquirendo dominio (Pomponius). Fr. 1 § 15 de acquirenda possessione (Paulus): Per servum corporaliter pignori datum non acquirere nos possessionem Julianus ait; ad unam enim tantum causam videri eum a debitore possideri, ad usucapionem; nec creditori, quia nec stipulatione nec ullo alio modo per eum acquirat, quamvis eum possideat. Julian sagt also, durch den in Pfand hingegebenen Sklaven erwirbt der Verpfänder deshalb keinen Besitz, weil er diesen Sklaven selber nur in einer, nicht hierher gehörigen Eigenschaft besitzt.

[60] Gaius II, 94: De illo quaeritur, an per eum servum, in quo usumfructum habemus, possidere aliquam rem et usucapere possimus, quia ipsum non possidemus. — — loquimur autem in utriusque persona secundum destinctionem, quam proxime exposuimus, id est, si quid ex re nostra vel ex operis suis adquirant, an id nobis adquiratur.

[61] Gaius II, 90: Per eas vero personas, quas in manu mancipiove habemus, proprietas quidem adquiritur nobis ex omnibus causis sicut per eos, qui

Seite der fragliche Satz nicht mit völliger Konsequenz durchgeführt worden zu sein. Mindestens findet sich davon, dass man dem Vater das Recht des Besitzerwerbs durch das Hauskind zu irgend einer Zeit abgesprochen habe, meines Wissens nirgends eine Spur.[62] Im Einzelnen aber sind in Bezug auf den Sklaven drei Fälle zu unterscheiden:

---

in potestate nostra sunt; an autem possessio adquiratur, quaeri solet, quia ipsas non possidemus.

[62] Gaius theilt die personae bekanntlich in solche, quae sui iuris sunt und in solche, quae alieno iuri sunt subiectae (I, 48). Von den letzteren heisst es: aliae in potestate, aliae in manu, aliae in mancipio sunt (I, 49). Die in potestate Befindlichen theilen sich hinwiederum in zwei Klassen: *a*. in potestate itaque sunt servi dominorum (I, 52); *b*. item in potestate nostra sunt liberi nostri, quos iustis nuptiis procreavimus (I, 55). In Bezug auf den Besitzerwerb durch die alieno iuri subiecti unterscheidet nun Gaius. Ob man durch die in manu mancipiove Befindlichen Besitz erwerbe, erklärt er für bestritten (II, 90); als ausgemacht stellt er dagegen hin, dass der Gewalthaber Besitz erwerbe durch die in seiner potestas Befindlichen (II, 89): das sind also die Sklaven und die Hauskinder. Auch in den Pandekten findet sich in Bezug auf die letzteren nirgends ein Zweifel. Paulus in Fr. 1 § 5 de acquirenda possessione trägt den Satz als ausgemacht vor (Item acquirimus possessionem per servum aut filium, qui in potestate est) und zieht daraus, dass wir durch den Sohn besitzen, ohne ihn zu besitzen, Folgerungen für einen analogen Fall (Fr. 1 § 8). Desgleichen Ulpian geht soweit zu erklären, dass der Haussohn sogar dann, wenn er von einem Dritten als Sklav besessen wird, den Besitz dem Vater erwerbe (Fr. 4 eod. tit.: Quidquid filius peculiari nomine apprehenderit, id statim pater eius possidet,

a. Der Sklave wird von einem Dritten besessen. Die allgemeine Regel lautet: was der Besitzer des Sklaven nicht erwirbt, das erwirbt der dominus.[43] Nach dieser Regel müsste also der Sklav dem Herrn auch den Besitz dann erwerben, wenn er ihn seinem Besitzer nicht erwirbt. Aber gerade das wird selbst noch von Paulus in Abrede gestellt; in dem Umstande, dass der Sklav von einem Dritten besessen wird, erkannte man ein natürliches, absolutes Hinderniss für den Besitzerwerb des Herrn und es folgte zugleich daraus, dass, wenn der von einem Dritten besessene Sklav den Besitz nicht seinem Besitzer erwirbt, er ihn überhaupt Niemandem erwerbe.[44]

b. Der Sklav ist auf der Flucht. Die Jurisprudenz nahm zu Gunsten seines Gewalthabers positiv an, quamdiu ab alio non possideatur, a nobis eum possideri und es bestand der ursprüngliche Zweck dieser Fiktion lediglich und allein in der Möglichkeit, die an dem Sklaven begonnene usucapio

---

quamvis ignoret in sua potestate filium. Amplius, etiam si filius ab alio tamquam servus possideatur, idem erit probandum).

[43] Fr. 54 § 4 de acquirendo dominio (Modestinus).

[44] Fr. 1 § 6 de acquirenda possessione (Paulus): Sed et per eum, quem bona fide possidemus, quamvis alienus sit vel liber, possessionem acquiremus; quod si mala fide eum possideamus, non puto acquiri nobis possessionem per eum; sed nec vero domino aut sibi acquiret, qui ab alio possidetur. Daher usukapirt der Herr auch nicht durch ihn: Fr. 54 § 4 de acquirendo dominio (Modestinus). Damit stimmt was Paulus sagt in Fr. 1 § 15.

fortzusetzen, während seiner Flucht.[85] Ob dagegen bis zu der Annahme fortzuschreiten sei, dass der Herr durch den servus fugitivus auch Besitz

---

[85] Fr. 1 § 14 de acquirenda possessione (Paulus); Paulus II, 31 § 37. — *a.* Der Satz ist eine von der Jurisprudenz aufgestellte Regel (1, 14: respondetur — receptum est). *b.* Er ist utilitatis causa angenommen (1, 14), d. h. er ist ein positiver, der faktischen Natur des Besitzes nicht entsprechender Satz, enthält also eine Fiktion. *c.* Den Satz sucht innerlich zu begründen Gaius in Fr. 15 h. t.: — et haec ratio est, quare videamur fugitivum possidere, quod is, quemadmodum aliarum rerum possessionem intervertere non potest, ita ne suam quidem potest. Aber das Argument hat den unhaltbaren Satz zur Voraussetzung, dass man den Besitz nur durch intervertere verlieren könne. Zudem harmonirt die Auffassung des Juristen wenig mit der von Diokletian in C. 1 de servis fugitivis. *d.* Der Zweck der Fiktion besteht darin: der Usukapionsbesitz am Sklaven soll durch seine Flucht nicht unterbrochen werden: Fr. 17 § 3 de furtis (Ulpianus): — quod enim videor possidere [sc. servum, qui in fuga est], ad usucapionem tantum mihi proficere, Julianus scribit. Fr. 1 § 14 de acquirenda possessione (Paulus): — sed utilitatis causa receptum est, ut impleatur usucapio, quamdiu nemo nactus sit eius possessionem. Fr. 8 de diversis temporalibus praescriptionibus (Ulpianus): In accessione temporis et id tempus, quo in fuga servus sit, domino eius procedere verum est. Der letzte Satz hat offenbar auch bei dem interdictum Utrubi Anwendung gefunden. *e.* Die Fiktion des Besitzes am fugitivus servus hört auf (cfr. Modestinus in Fr. 54 § 4 de acquirendo dominio) *α.* wenn derselbe in den Besitz eines Dritten gekommen ist: Fr. 1 § 14 cit. Fr. 50 § 1 de acquirenda possessione (Hermogenianus), der Art, dass der Herr jetzt die actio furti noxalis gegen den Besitzer des Sklaven erwerben kann: Fr. 17 § 3 de furtis

Hinderniss. Das haben in der That die römischen Juristen gethan:[72] und es ist daher — obgleich die grösste Auctorität in dieser Lehre anderer Ansicht ist[73] — das Ende der Entwickelung: der Eigenthümer des Sklaven erwirbt in der Regel durch denselben Besitz auch dann, wenn er ihn nicht besitzt; davon bestehen jedoch zwei Ausnahmen, einmal wenn der Sklav

des Herrn durch den Sklaven verlangten, dass dieser von jenem besessen werde: Tantum de possessione videbimus, quum ipsum post litem ordinatam desinat dominus possidere. Sed magis est ut acquirat, licet ab eo non possideatur. — —

[72] In Fr. 1 § 8 de acquirenda possessione argumentirt Paulus folgendermassen: Per eum, in quo usumfructum habemus, possidere possumus, sicut ex operis suis nobis acquirere solet; nec ad rem pertinet, quod eum non possidemus, nam nec filium [sc. possidentes per filium possessionem acquirimus].

[73] Savigny schreibt in seinem Rechte des Besitzes, § 26: „Durch einen Sklaven erwirbt den Besitz der Eigenthümer desselben, der bonae fidei possessor und der fructuarius. — Der Eigenthümer muss, um dieses Erwerbs fähig zu sein, zugleich den Besitz des Sklaven haben; ist der Sklav selbst in fremdem Besitz oder wird er von Niemandem besessen, so kann der Eigenthümer als solcher durch ihn keinen Besitz erwerben —." Um diesen Satz aufrecht zu erhalten, sieht sich Savigny genöthiget, namentlich den Fall des Textes sub c dahin zu deuten, dass während dem liberale indicium sowohl die acquisitio per servum als die possessio servi selber in suspenso sei; die Quellen aber sagen vielmehr, wie wir gesehen haben, sed magis est ut acquirat, licet ab eo non possideatur. Darin liegt einfach die Anerkennung, dass zum Besitzerwerb durch einen Gewaltunterthänigen Besitz desselben nicht erforderlich sei. Ein Recht,

von einem Dritten besessen wird, sodann, wenn derselbe seinem Usufruktuar den Besitz erwirbt.[74]

2) Eine andere, hier hervortretende Frage ist folgende. Wir haben oben gesehen, dass der Rechtserwerb des Herrn durch den Sklaven sich vollzieht auch ohne die Kenntniss des Herrn. Das hat bei der ideellen Natur des Rechts nichts Befremdliches: aber verträgt sich dieser Satz mit der faktischen Natur des Besitzes? Dass es römische Juristen gegeben, welche daran zweifelten, ergibt sich aus einer Mittheilung von Paulus, woraus zugleich erhellt, dass es vorzugsweise die Sabinianer waren, welche den Satz ignoranti domino possessionem acquiri zuerst vertraten.[75] Aber immerhin geschah das nur innerhalb einer ganz bestimmten Grenze, nämlich

---

welches sagt: „der paterfamilias erwirbt Besitz durch seinen Sohn, ohne den Sohn zu besitzen, desgleichen der fructuarius servi erwirbt durch den Sklaven Besitz, ohne den Sklaven zu besitzen," ein solches Recht würde sich einer handgreiflichen Inkonsequenz schuldig machen, wenn es fortfuhre „aber der dominus servi erwirbt durch den Sklaven nur dann Besitz, wenn er den Sklaven besitzt."

[74] Eine derartige Rechtsentwickelung muss auch zu der Anerkennung des weiteren Satzes geführt haben, dass der Gewalthaber durch die in manu und in mancipio Befindlichen gerade so gut Besitz erwerbe, wie durch den filiusfamilias. Dass davon keine Nachricht erhalten wurde, ist nicht besonders zu verwundern.

[75] Fr. 1 § 5 de acquirenda possessione (Paulus): Item acquirimus possessionem per servum aut filium, qui in potestate est; et quidem earum rerum, quas peculiariter tenent, etiam ignorantes, sicut Sabino et

für den Pekuliarerwerb des Sklaven;[76] und es war die römische Jurisprudenz offenbar deshalb zur Anerkennung dieses Satzes auf diesem Gebiete geneigt, weil der Sklav das Pekulium überhaupt nur hat mit Wissen und Willen seines Herrn. Immerhin lag darin eine abermalige Abweichung von der Strenge des Begriffs und es sieht deshalb auch Papinian in dem ganzen Satze eine Singularität, welche utilitatis causa zum Vortheil für den Herrn anerkannt wird.[77] Aus dem Prinzip selbst folgt allerlei. Einmal, weil

---

Cassio et Juliano placuit, quia nostra voluntate videantur possidere, qui iis peculium habere permiserimus. —
[76] Fr. 1 § 5 cit. Fr. 3 § 12 eod. tit. (Paulus): — Nec movere nos debet, quod quasdam [sc. res] etiam ignorantes possidemus, id est, quas servi peculiariter paraverunt; nam videmur eas eorundem et animo et corpore possidere. Fr. 24 eod. tit. (Javolenus): — nam tum per servum dominus quoque possidere dicitur, summa scilicet cum ratione, quia quod ex iusta causa corporaliter a servo tenetur, id in peculio servi est; et peculium, quod servus civiliter quidem possidere non potest, sed naturaliter tenet, dominus creditur possidere. Fr. 44 § 1 eod. tit. (Papinianus): Quaesitum est, cur ex peculii causa per servum ignorantibus possessio quaereretur. Dixi, utilitatis causa iure singulari receptum, ne cogerentur domini per momenta species et causas peculiorum inquirere, nec tamen eo pertinere speciem istam, ut animo videatur acquiri possessio —
[77] Fr. 44 § 1 cit. Der Besitzerwerb vollzieht sich ganz in der Person des Sklaven [Fr. 3 § 12 eod. tit. Paulus: nam videmur eorundem et animo et corpore possidere], nicht etwa durch den animus des Herrn (Fr. 44 § 1 cit.)

dasselbe auf den Pekuliarerwerb sich beschränkt, deshalb erwirbt der Herr nicht ohne sein Wissen den Besitz derjenigen Sachen, welche der Sklav durch ein maleficium sich angeeignet; denn ein derartiger Erwerb der Sklaven fällt nicht in sein Pekulium."⁸ Ferner: weil hier der Herr ohne seinen Willen erwirbt, deshalb kann auch derjenige Herr Besitz durch den Sklaven erwerben, der durch sich selbst ihn zu erwerben unfähig ist seiner Willensunfähigkeit wegen, so das Kind, der Wahnsinnige."⁹

V. Endlich gehört noch hierher ein der alten Jurisprudenz entstammender, aber auch noch im justinianischen Rechte als geltend vorgetragener Satz, der fast in Vergessenheit gerathen zu sein scheint.⁸⁰ Er lautet nach der Mittheilung von Paulus⁸¹ in der Fassung der alten Juristen

> non posse nos per servum hereditarium acquirere, quod sit eiusdem hereditatis

und nach der offenbar präciseren Form Julian's⁸²

> „Heres per servum hereditarium eiusdem hereditatis partem vel id, quod eiusdem hereditatis sit, acquirere non potest.

---

[18] Fr. 24 cit.
[19] Fr. 1 § 5 cit.
[80] In Savigny's Besitz finde ich denselben nicht berucksichtiget, obgleich er auf den Besitz sich jedenfalls bezieht. Dagegen gedenkt desselben einer, dem selten etwas entgeht, Cujaz, observat. 24, 10.
[81] Fr. 1 § 16 de acquirenda possessione. Basil. 50, 2, 1.
[82] Fr. 43 de acquirenda hereditate. Basil. 35, 14, 35.

Womit übereinstimmend Ulpian[63] folgenden Ausdruck wählt:

> Per hereditarium servum quod est eiusdem hereditatis heredi acquiri non potest; et maxime ipsa hereditas.

Zweifellos ist, dass diese Beschränkung nur den Erben selbst betrifft, also Denjenigen, der die Erbschaft erworben.[64]

Zweifellos ist ferner, dass als servus hereditarius nur betrachtet werde

a. der in der Erbschaft unmittelbar enthaltene, nicht z. B. der dem Erblasser geschuldete und dem Erben ausgezahlte Sklav;[65]

b. der von dem Erben in seiner Eigenschaft als Erbe erworbene Sklav, nicht z. B. der legirte;[66]

c. der von dem Erben in seiner Eigenschaft als Erbe ganz, nicht etwa theilweise aus einem anderen Grund erworbene Sklav.[67]

---

[63] Fr. 19 de acquirendo dominio. Basil 50, 1, 17.

[64] Das sagt die Regel ausdrücklich in den beiden zuletzt hervorgehobenen Fassungen. Auch das nos der ersten Fassung ist offenbar nicht anders zu verstehen. Dafür auch die Basiliken. Ausserdem wäre, wie Cujaz mit Recht hervorhebt, der Vergleich mit dem legatus und dem donatus servus in Fr. 1 § 16 de acquirenda possessione unpassend.

[65] In Fr. 39 § 2 de acquirenda possessione gibt Julian als Grund dafür an: quia non servus iure hereditario, sed actio ex emto ad eum pervenit.

[66] Fr. 1 § 16 de acquirenda possessione.

[67] Fr. 1 § 17 eod. tit. Auch § 18 wird von der Glosse hierher bezogen; dem Zusammenhange nach mit Recht. Der Sinn ist: wenn der Erblasser

Durch den servus hereditarius in diesem Sinne [88] also soll dem heres nicht erworben werden können, quod est eiusdem hereditatis. Das wird zuerst und vorzugsweise bezogen auf den Besitz von res hereditariae,[89] heisst also hier: der Erbe kann den Besitz von Erbschaftssachen nicht erwerben durch einen Sklaven, dessen Eigenthum er unmittelbar durch die Erbschaft erworben hat. Aber der Satz hat noch einen weiteren Umfang; denn durch jenen soll der Erbe auch nicht erwerben können die hereditas oder mindestens eine pars hereditatis und auch den Eigenthumserwerb von von res hereditariae soll er durch ihn zu machen ausser Stande sein.[90] Nun aber erwirbt (um vom suus heres abzusehen) Derjenige, dem eine Erbschaft deferirt ist, die Erbschaft und das Eigenthum an den Erbschaftssachen durch die aditio hereditatis und dass er diese im Allgemeinen nicht

---

einen mir und ihm gemeinsamen Sklaven zum Erben eingesetzt und ich demselben die Erbschaft anzutreten befohlen habe, so kann ich durch denselben den Besitz von Erbschaftssachen erwerben (idem dicendum est, das vorher Gesagte ist acquiret possessionem), weil er nur zur Hälfte servus hereditarius ist.

[88] Von dem servus hereditarius ante aditam hereditatem ist also hier nicht die Rede.

[89] Fr. 1 § 16, 17, 19 Fr. 38 § 2 Fr. 49 de acquirenda possessione.

[90] a. hereditas: Fr. 18 de acquirendo dominio, Basil. 50, 1, 17; hereditatis pars: Fr. 43 de acquirenda hereditate. b. Dass auch das Eigenthum hierher gehöre, dafür spricht die allgemeine Fassung der Regel und die Aufnahme von Fr. 18 in dem Titel de acquirendo dominio. So fasst die

durch einen, zu der erst zu erwerbenden Erbschaft gehörigen Sklaven vollziehen könne, ist eine so selbstverständliche Sache, dass es hier der Bezugnahme auf eine alte Juristenregel sicherlich nicht bedurfte. Auch der Fall kann nicht gemeint sein, wo der Erblasser einen seiner Sklaven sine libertate zum Theilerben eingesetzt; denn wenn es auch fest steht, dass derjenige Erbe, welcher diesen Sklaven in seinen Erbtheil erhält, durch denselben den betreffenden Erbtheil nicht erwerbe, so geschieht das doch nicht unserer Regel wegen, sondern weil die Einsetzung des eigenen Sklaven sine libertate von Anfang an nichtig ist.[91] Fragen wir nun, was es bedeuten solle, dass der Erbe eine pars hereditatis (denn von der ganzen Erbschaft kann gar nicht die Rede sein) nicht erwerben könne durch den servus hereditarius: so lässt sich zunächst ein Satz aus dem älteren Rechte hierher beziehen. Die ältere Jurisprudenz nahm bekanntlich an, dass man durch Besitznahme von res hereditariae die hereditas selbst pro herede usukapiren könne.[92] Hierauf bezogen würde unsere Regel sagen: welcher Theilerbe seine Portion durch Erbschaftsantritt erworben, der kann den Rest der hereditas nicht durch das Medium eines Erbschaftssklaven usukapiren. Im justinianischen Rechte aber lassen sich allenfalls folgende Fälle als hierher gehörige bezeichnen. Zuerst ist es

Sache auch die Glosse zu Fr. 1 § 16 de acquirenda possessione und Cujaz a. a. O.
[91] Gaius II, 187; Ulpianus XXII, 7.
[92] Gaius II, 54.

danach dem Theilerben verboten, eine res hereditaria oder auch einen Erbtheil von einem anderen Erben, sei es auf Grund eines Erbschaftskaufs oder auch eines Fideikommisses, durch Vermittelung eines servus hereditarius zu erwerben. Sodann, wenn der Erblasser einen servus alienus zum Theilerben eingesetzt hatte und derselbe nachträglich in das Eigenthum des Erblassers gekommen, also im Nachlass enthalten war: so konnte man allenfalls von demjenigen Theilerben, welcher diesen Sklaven auf seinen Erbtheil erhalten, sagen: heres per servum hereditarium hereditatem acquirere non potest, obgleich der Ausdruck richtiger wäre, es werde ihm die Erbschaft gar nicht deferirt. Vielleicht lassen sich noch mehr dergleichen Fälle auffinden. Die ganze Regel aber scheint auf dem Gedanken zu beruhen, dass es, weil der servus hereditarius dem Erben durch die hereditas erworben werde, gegen die formale Logik verstossen würde, wenn umgekehrt diese und was zu ihr gehört dem Erben durch den servus hereditarius erworben würde.[93] Jedenfalls hat der ganze Satz nur geringen inneren Werth; er gehört vielmehr in die Kategorie derjenigen älteren Rechtsregeln, die, der formalistischen Behandlungsweise des Rechts entstammend, lediglich äusserliche Beschränkungen sind, ohne volle innere Berechtigung, wie servitus servitutis esse non potest, a legatario legari nequit und dergleichen: und

---

[93] Aehnlich Cujaz. Ein etwas wunderlicher Erklärungsversuch in der Glosse zu Fr. 1 § 16 de acquirenda possessione.

es erklärt sich daher vollkommen die Ungeneigtheit der klassischen Juristen, den Satz irgendwie auszudehnen.⁹⁴

VI. Wenn es wahr ist, dass der Sklav, eigenen Rechts unfähig, Rechte zu erwerben befähiget ist lediglich auf Grund der Rechtsfähigkeit seines Herrn und für diesen: so folgt, dass der servus sine domino ausgeschlossen sei von einem jeden Rechtserwerb. Damit stimmen die Quellen überein, so weit sie sich überhaupt aussprechen.⁹⁵

Nun aber gibt es ein paar Fälle, wo der Sklav, der einfachen Regel zufolge der Möglichkeit des Rechtserwerbs beraubt, weil des Herrn entbehrend,

---

⁹⁴ Fr. 1 § 16 de acquirenda possessione (Paulus): Itaque agitatur, num haec regula longius producenda sit, ut, si plures servi legati sint, per unum an possint ceteri possideri. Idem tractatus est, si pariter emti vel donati sunt. Sed verius est, ex his causis posse me per unum reliquorum acquirere possessionem. — Fr. 48 eod. tit. (Papinianus).

⁹⁵ In Fr. 36 de stipulationibus servorum setzt Javolenus ziemlich weitläufig auseinander, der servus derelictus begehe, wenn er sich durch stipulatio versprechen lässt, einen nichtigen Akt und erwerbe durch Stipulation erst wieder, wenn er einen Herrn habe. Vergl. auch Fr. 73 § 1 de verborum obligationibus. [Uebrigens wird die erste Stelle durch die Worte nam et haec genere quodam donatio est geradezu gestört. Sie sind unpassend: denn ob der Sklav dem neuen Herrn vom alten geschenkt war oder nicht, ist gleichgültig (es liegt also in dem Satz gar keine Begründung); sie sind unrichtig, denn wenn Jemand die vom Andern derelinquirte Sache okkupirt, so liegt nur möglicher Weise eine Schenkung vor, nicht nothwendiger Weise. Ich vermuthe, die Worte sind ein wenig geschicktes, in den Text gerathenes Glossem.]

dennoch aus Nützlichkeitsgründen zu demselben zugelassen wird auf Grund der Fiktion, dass er einen Herrn habe.

Den ersten und wichtigsten dieser Fälle bildet die iacens hereditas.[86] Dass diese in Wirklichkeit eines Herrn ermangele, ist einleuchtend; sie jedoch dem Schicksal der herrenlosen Sachen Preis geben, hiesse das Erbrecht verläugnen. Daher wurde, seitdem es ein Erbrecht gab, der Nachlass des Verstorbenen mit der in der Sache liegenden Nothwendigkeit behandelt als ein selbstständiges, dem künftigen Erben zu reservirendes Vermögen. Da nun aber der Vermögensbegriff einen Träger des Vermögens voraussetzt, so kam die reflektirende Jurisprudenz nachträglich und allmälig zu der Erkenntniss,[87] dass man die ruhende Erbschaft von Anfang an nach der Analogie der physischen Person behandelt habe, also nach unserer modernen Ausdrucksweise, so sehr man sich auch dagegen sträuben mag, als eine s. g. fingirte oder juristische Person.[88] Das drückte man zunächst

---

[86] Es kann natürlich nicht meine Absicht sein, die Natur und das Wesen dieses viel besprochenen Gegenstandes an diesem Orte einer umfassenden Erörterung zu unterziehen. Vielmehr beschränke ich mich darauf, meine Ansicht darüber so weit auszusprechen, als das hierher gehört.

[87] Dieser Erkenntniss werden sich auch von unseren heutigen Juristen diejenigen nicht auf die Dauer entziehen können, welche behaupten, die ruhende Erbschaft sei zwar ein selbstständiges Vermögen, aber keine juristische Person. Denn das sind zwei Behauptungen, die nach meinem Ermessen einander widersprechen.

[88] Vergl. Böcking, Pandekten, Band I, § 62. Daraus folgt keineswegs,

dahin aus, die Erbschaft sei selbst die domina des nachgelassenen Vermögens und während in dem Streben nach genauerer Präcisirung die Einen in ihr die Repräsentantin des künftigen heres erkannten, siegte auf die Auktorität Julian's die Ansicht, dass es der Erblasser sei, der, durch die ruhende Erbschaft dargestellt werde.²² Dem entsprechend wird die

---

dass man die hereditas in allen Stücken gleich anderen juristischen Personen habe behandeln müssen. Gerade in dem allmäligen Durchdringen der richtigen Einsicht liegt der Erklärungsgrund für das nicht vollkommene Durchdringen des Prinzips.

²² *a.* Noch Labeo argumentirt von dem Standpunkte aus, dass die hereditas iacens keinen Herrn habe: Fr. 64 de heredibus instituendis; Fr. 13 § 5 quod vi aud clam [in der letzten Stelle sieht Ulpian sich veranlasst hinzuzufügen: accedit his, quod hereditas dominae locum obtinet]. *b.* Sie hat personae vicem: so allgemein Florentinus in Fr. 22 de fideiussoribus; in quibusdam: Paulus in Fr. 15 p. de usurpationibus; in plerisque: p. J. de stipulatione servorum. *c.* Sie ist dominae loco: Fr. 31 § 1 de heredibus instituendis (Gaius); Fr. 1 § 1 si is, qui testamento (Ulpianus); Fr. 61 p. de acquirendo dominio (Hermogenianus); personam dominae sustinet: C. 9 depositi (Diocletianus). *d.* Sie repräsentirt den künftigen heres: Fr. 24 de novationibus (Pomponius). *e.* Sie repräsentirt den defunctus: Fr. 33 § 2 (Ulpianus), Fr. 34 de acquirendo dominio (Ulpianus); Fr. 31 § 1 de heredibus instituendis (Gaius); Fr. 116 § 3 de legatis I (Florentinus); § 2 J. de heredibus instituendis. *f.* Dabei verdient jedoch hervorgehoben zu werden, dass die Fiktion, wonach die iacens hereditas den Erblasser repräsentirt, nur Gültigkeit hat bis zum Antritt des Erben. Von da an kommt die andere zur Geltung, der heres habe unmittelbar beim Tode

hereditas namentlich auch als domina servi hereditarii bezeichnet und folgeweise dem Sklaven die Fähigkeit Rechte zu erwerben zugeschrieben, theils im Allgemeinen darauf gegründet, dass die hereditas seine Eigenthümerin sei,[100] theils im Besondern auf Grundlage der herrschend gewordenen Fiktion, wonach die Erbschaft den Erblasser repräsentirt.[101] Der Sklav hat daher beim Tode seines Herrn im Ganzen dieselbe Erwerbsfähigkeit, wie bei dessen Leben.[102] Innerhalb der Pekuliarsphäre erwirbt er seinem fingirten Herrn Eigenthum[103]

---

des Erblassers den Nachlass erworben: Fr. 54 de acquirenda hereditate (Florentinus); Fr. 22 de usurpationibus (Javolenus); Fr. 29 § 4 de stipulationibus servorum (Gaius); Fr. 138 p. (Paulus) Fr. 193 (Celsus) de regulis iuris.

[100] Fr. 61 p. de acquirendo rerum dominio (Hermogenianus): Hereditas in multis partibus iuris pro domino habetur, ideoque hereditati quoque ut domino per servum hereditarium acquiritur.

[101] p. J. de stipulatione servorum. Fr. 33 de acquirendo dominio (Ulpianus). Die letzte Stelle lautet nach der Florentina: Quoties servus hereditarius stipulatur vel per traditionem accipit, ex persona defuncti vires consumit, ut Juliano placet; cuius et valuit sententia, testantis personam spectandam esse opinantis. Man hat statt consumit korrigiren wollen assumit und Manche, z. B. Puchta in den Pandekten § 446, schreiben so, wie wäre es zweifellos: dem würde ich das einfache sumit vorziehen. Ich vermuthe jedoch, es liege eine Korruptel vor aus conventio sumit; das Wort conventio passt auf beides, die stipulatio und die traditio, überdies erhält auf diese Weise der Nachsatz das nothwendige Subjekt.

[102] Fr. 61 p. cit.

[103] Fr. 33 § 2 de acquirendo dominio; Fr. 16 de obligationibus et actionibus,

wie Forderungen:[104] und dass er innerhalb jener auch besitze und ersitze, dazu verhilft ihm die schon besprochene Regel possessio ignoranti acquiritur.[105] Aus dem gleichen Grunde kann der servus hereditarius auch

---

[104] Stipulatio: p. J. de stipulatione servorum; Fr. 33 § 2 cit.; commodatum, depositum: Fr. 16 cit.; Fr. 1 § 29 depositi; C. 9 eod. tit.; pactum de non petendo: Fr. 27 § 10 de pactis (Basil 11, 1, 27). *a.* Einig war man darüber, dass die stipulatio ungültig sei, wenn sie der Sklav auf den Namen des verstorbenen dominus stellt: Fr. 41 de rebus creditis (Africanus); Fr. 18 § 2 de stipulationibus servorum (Papinianus). *b.* Darüber kontrovertirte man, ob der Sklav dem heres futurus versprechen lassen könne. Das läugnete Proculus (offenbar mit Rücksicht auf den Satz in stipulationibus id tempus spectatur, quo contrahimus: vergl. Schol. Basil. 11, 1, 27), weil derselbe im Augenblick des abgeschlossenen Geschäfts extraneus; Cassius dagegen bejahte es, weil der Erbschaftsantritt auf den Tod des Erblassers zurückbezogen werde: und diese mildere Ansicht drang durch: Fr. 18 § 2 (Papinianus) Fr. 28 § 4 (Gaius) Fr. 35 (Modestinus) de stipulationibus servorum. Freilich wenn der Sklav die stipulatio auf den Namen eines extraneus stellt und dieser nachträglich zufälliger Weise Erbe wird, so ist und bleibt die stipulatio ungültig: Fr. 16 eod. tit. (Paulus). Das ist übrigens nichts besonderes für die stipulatio, vielmehr bei dem pactum de non petendo gerade so: Fr. 27 § 10 de pactis. *c.* Auch darüber war man nicht vollkommen eines Sinnes, ob der servus hereditarius eine von dem Erblasser durch stipulatio kontrahirte Schuld durch accepti rogatio tilgen könne; aber man entschied sich natürlich für die Bejahung: Fr. 11 § 2 de acceptilatione (Paulus).

[105] Das wird von den Meisten bejaht; dagegen erklärt sich namentlich

zum Erben eingesetzt und mit einem Legat bedacht werden, wobei über die
Frage der testamenti factio kraft der zur Anerkennung gekommenen Fiktion

---

Schirmer in seiner im Uebrigen sehr sorgfältigen Darstellung der Lehre von der hereditas iacens (Handbuch des römischen Erbrechts I, p. 15 ff.). Der Stand der Sache ist folgender: *a.* Die Erbschaft selbst ist des Besitzes unfähig, seines faktischen und ihrer idealen Natur wegen: Fr. 1 § 15 si is, qui testamento (Ulpianus, Scaevola). *b.* Dass dagegen der servus hereditarius der Erbschaft Besitz erwerbe, wird mit dürren Worten gesagt von Julian in Fr. 16 de obligationibus et actionibus: — nam et si commodaverit vel deposuerit rem peculiarem, commodati et depositi actionem acquiret hereditati [sc. servus hereditarius]. Haec ita, si peculiare negotium contractum est; nam ex hac causa etiam possessio acquisita intelligi debet. Dazu Basil. 52, 1, 15. [Um dieser Stelle sich zu entledigen, beruft sich Schirmer darauf, dieselbe spreche blos von dem Erwerbe, nicht von dem Behalten des Besitzes. Pekuliarbesitz, so sagt er, wird für die Erbschaft zwar acquirirt, geht aber im Augenblick seiner Acquisition, so weit er juristischer Besitz ist, wieder verloren, weil kein besitzfähiges Subjekt ihn entgegennimmt. Aber wenn es in der That am nothwendigen Subjekt fehlt: wie kam er dann überhaupt zur Entstehung? Und sind denn in Wahrheit die Bedingungen für den Fortbestand des Besitzes schwieriger als die seiner Erwerbung?] *c.* An der von dem Sklaven erworbenen Sache beginnt sofort die usucapio. Dafür ist entscheidend Papinian in Fr. 44 § 3 de usurpationibus (lib. 23 quaestionum): Nondum aditae hereditatis tempus usucapioni datum est, sive servus hereditarius aliquid compararat, sive defunctus usucapere coeperat: sed haec iure singulari recepta sunt. Damit stimmt überein Ulpian in Fr. 15 p. eod. tit., wo freilich am Schluss nach

die Person des Erblassers, nicht die des Erben entscheidet.[106] Nur in einer Beziehung ist die Erwerbsfähigkeit des servus hereditarius nothwendiger

---

Maassgabe des Zusammenhanges mit Accursius, Cujaz, Pothier u. A. statt des überlieferten Textes ideoque in successoribus locum non habere usucapionem zu lesen ist locum habere. Damit stimmt ferner Paulus in Fr. 29 de captivis. Schwer dagegen ist zu sagen, wie damit zu vereinigen sei Fr. 45 § 1 de usurpationibus, aus dem 18. Buche der Responsen desselben Papinian. Cujaz sieht darin die Darstellung des reinen civile ius, welches durch das singulare ius von Fr. 44 eine Abänderung erfahren; Andere wollen sich helfen durch die Textesvermehrung non peculii nomine, was freilich zur Schlussargumentation kaum recht passt; jedenfalls sind Alle darüber einig, dass diese Stelle nicht im Stande sei, den Inhalt der übrigen zu erschüttern. *d.* Darin, dass der Sklav die usucapio beginnen kann, liegt die Anerkennung, dass er Besitz erwerbe; denn es kann allerdings eine begonnene Ersitzung bei mangelndem Besitz unter Umständen fortgesetzt werden, aber es kann keine Ersitzung beginnen ohne Besitz. Das ist der Sinn von Fr. 25 de usurpationibus (Licinius): Sine possessione usucapio contingere non potest. *e.* Wenn der Erbschaftssklave Besitz einer Sache zwar erworben aber wieder verloren hat, so ist die publiciana in rem actio begründet: Fr. 9 § 6 de publiciana (Ulpianus).

[106] *a.* Befähigung zur heredis institutio: Fr. 31 § 1 de heredibus instituendis (Gaius): Hereditarium servum ante aditam hereditatem ideo placuit heredem institui posse, quia creditum est, hereditatem dominam esse, defuncti locum obtinere. Cfr. Fr. 64 eod. tit. (Javolenus); § 2 J. de heredibus instituendis. *b.* Befähigung zum Legat: Fr. 116 § 3 de legatis I (Florentinus); Fr. 62 § 2 de legatis II (Paulus). *c.* Lediglich

Weise beschränkter, als sie bei Lebzeiten seines Herrn war. Ueberall nämlich, wo nach der Beschaffenheit des einzelnen zu machenden Erwerbs entweder der Wille des wirklichen Erwerbers (factum personae) oder mindestens sein, des Erwerbers reales Vorhandensein gefordert wird, da ist die Erwerbung durch den Sklaven derzeit unmöglich.[107] Das zeigt sich insbesondere in

---

die testamenti factio defuncti entscheidet, nicht die des institutus heres: Fr. 52 de heredibus instituendis (Paulus). — Anders stand die Sache in Bezug auf die capiendi capacitas. Man stritt darüber, ob bei dem Bedenken eines servus hereditarius die persona defuncti oder die persona heredis oder endlich beide nicht in dieser Beziehung zu berücksichtigen seien: und man entschied sich, da die capiendi capacitas zur testamenti factio nicht gehört, mit Grund für das Letztere, so dass das legatum der hereditas iacens sofort erworben wird, das capere posse aber aus der Person des künftigen Erben sich entscheidet: Fr. 53 § 1 de legatis II (Gaius).

[107] Die im Text aufgestellte Unterscheidung von Wollen des Erwerbers und blosem Dasein des Erwerbers hat zuerst erkannt Köppen, die Erbschaft p. 56 ff. Er geht so weit, dieselbe direkt ausgesprochen zu finden bei Hermogenian in Fr. 61 p. de acquirendo dominio, indem er in den entscheidenden Worten „In his sane, in quibus factum personae operaeve substantia desideratur, nihil hereditati per servum quaeri potest" statt operaeve substantia korrigirt personaeve substantia. Das wird kaum zu billigen sein. Denn abgesehen davon, dass auch das eine Ausdrucksweise ist, welche der vollkommenen Deutlichkeit entbehrt und dass die Basiliken (50, 1, 57) für operae, wenn auch nicht für substantia Zeugniss ablegen, so lässt sich die Umwandelung von operae in personae diplomatisch

folgenden Beispielen. Weil zum Erwerb des ususfructus das Dasein des fructuarius nothwendig (ususfructus sine persona esse non potest), deshalb kann der servus hereditarius iacente hereditate keinen ususfructus erwerben [108] (denn die juristische Person des Nachlasses ist keineswegs diejenige, für welche der ususfructus bestimmt ist). Aus dem gleichen Grunde kann er sich das künftige Gewähren des ususfructus nicht durch stipulatio (selbst nicht durch bedingte) versprechen lassen, [109] denn hier steht der Satz entgegen stipulatio ex praesenti vires accipit, was dasselbe sagen will wie in stipulationibus id tempus spectatur, quo contrahimus. Dagegen ist das · legatum ususfructus an den servus hereditarius gültig, denn für

---

nicht rechtfertigen. Wir werden den überlieferten Text der Summe der unklaren Aussprüche zuzählen müssen, an denen selbst die römischen Juristen es nicht haben fehlen lassen. Vielleicht liegt in dem operaevo substantia lediglich eine Erweiterung des schon durch factum personae ausgesprochenen Gedankens; so fassen wenigstens die Basiliken die Sache auf.

[108] Fr. 61 § 1 de acquirendo dominio (Hermogenianus): Ususfructus, qui sine persona constitui non potest, hereditati per servum non acquiritur.

[109] Vaticana fragm. § 55: Ususfructus sine persona esse non potest; et ideo servus hereditarius inutiliter usumfructum stipulatur. Legari autem ei posse (usumfructum) dicitur, quia dies eius non cedit statim; stipulatio autem pura suspendi non potest. Quid ergo, si sub conditione stipuletur? videamus, ne nec hoc casu valeat (stipulatio), quia ex praesenti vires accipit stipulatio, quamvis petitio ex ea suspensa sit. — Cfr. Fr. 26 de stipulationibus servorum.

den Erwerb des Legats gilt der Satz, dass nicht der Moment der Errichtung, sondern die cessio diei entscheidet: und diese tritt bei dem ususfructus bekanntlich erst ein mit dem Antritt des Erben.[110] Weil ferner zu dem Erwerb der dem Sklaven zugewendeten Erbschaft der iussus domini, also ein Willensakt des Herrn (factum personae) erforderlich ist, deshalb kann bei Einsetzung eines servus hereditarius der Erbschaftserwerb durch denselben erst erfolgen, nachdem der Erbe des dominus servi hereditarii die Erbschaft des dominus erworben.[111]

Wenn so die Erwerbsfähigkeit des servus hereditarius bei ruhender Erbschaft aus der Person des Erblassers abgeleitet wird, so ist doch schliesslich nicht zu vergessen, dass die ganze Fiktion, welche die iacens hereditas zusammenhält, lediglich zum Besten des künftigen Erben aufgestellt wird. Findet sich kein solcher, so fallen die Folgen der Fiktion zusammen: auch der Erwerb des servus hereditarius ist ungültig.[112]

---

[110] Vat. Fragm. l. cit.; Fr. 2 Fr. 3 quando dies legatorum.

[111] Fr. 61 p. de acquirendo dominio (Hermogenianus). Dagegen zum Erwerb des Legats bedarf es des Willens des Herrn nicht, weil es ein reiner Erwerb ist; daher wird das Legat an den servus hereditarius regelmässig der Erbschaft fest erworben mit der cessio diei (also gewöhnlich mit dem Tode des Zuwendenden) und bleibt bei derselben, auch wenn der Sklav nachträglich die Freiheit erhält: Fr. 68 § 1 de legatis I (Gaius).

[112] Das wird uns ausdrücklich gesagt für die stipulatio servi in Fr. 73 § 1 de verborum obligationibus (Paulus): Si servus hereditarius

An diesen Hauptfall des servus hereditarius schliessen sich ein paar andere Fälle an, welche sich dadurch verwickeln, dass es bei ihnen thatsächlich zweifelhaft ist, ob ein bestimmter Sklav servus hereditarius sei oder nicht.

Hierher gehört zunächst der in dem castrense peculium des verstorbenen filiusfamilias enthaltene Sklav. Bekanntlich kann seit der Kaiserzeit der Haussohn über jenes testiren und es wird der aus diesem Testament Antretende heres im gewöhnlichen Sinne des Worts. Wenn dagegen keine testamentarische Erbfolge eintritt, so kehrt sich (bis Novelle 118 das änderte) die alte Natur des peculium heraus: der Vater erhält den Nachlass nicht als Intestaterbe sondern peculii nomine. Wenn nun der Sohn stirbt ohne ein Testament zu hinterlassen, so ist die Pekuliennatur sofort klar und es waren die römischen Juristen sogar darüber einig, dass das nachgelassene castrense peculium nunmehr zu betrachten sei, als habe es dem Vater, gleich einem gewöhnlichen peculium, auch schon bei Lebzeiten des Sohnes gehört.[113] Gesetzt dagegen, dass

---

stipulatus sit, nullam vim habitura sit stipulatio, nisi adita hereditas sit, quasi conditionem habeat.

[113] Fr. 9 de [castrensi peculio (Ulpianus): — Sed quum nihil de peculio decernit filius, non nunc obvenisse patri, sed non esse ab eo profectum creditur. Fr. 19 § 3 eod. tit. (Tryphoninus): — quodsi intestatus decesserit filius, postliminii cuiusdam similitudine pater antiquo iure habeat peculium, retroque habuisse videatur rerum dominia. Fr. 44 p.

der Sohn stirbt mit Hinterlassung eines Testaments, so ist in der Zeit von der Delation bis zur Entscheidung über die Frage der Annahme oder Ausschlagung der Erbschaft der zum Nachlass gehörige Sklav — denn nur von ihm haben wir hier zu handeln — in einer zweifelhaften Stellung. Zwar wenn der eingesetzte Erbe nachträglich antritt, so ergibt sich allerdings nunmehr, dass jener ein servus hereditarius war und sein in der Zwischenzeit gemachter Erwerb ist gültig, insoweit die für den servus hereditarius geltenden Regeln das zulassen.[114] Wenn aber die hereditas nicht erworben wird und mithin in dem Augenblick, wo sich das Nichtbeerbtwerden des Sohns herausstellt, der Nachlass dem Vater iure peculii zukommt, so entsteht die Frage: gehört auch der in der Zwischenzeit vom Tode des Sohns bis zu dem Moment, wo der institutus heres ausschlug, von dem Sklaven gemachte Erwerb zu Demjenigen, was dem Vater iure peculii zufällt? Das liess sich verneinen auf Grund folgender Argumentation. Mit dem Tode des Sohns wurde sein Nachlass als eine hereditas defuncti filii militis dem eingesetzten Erben zum Erwerb deferirt, der Sklav gehörte also nicht dem Vater; andererseits hat das Ausschlagen des institutus heres bewiesen, dass der Sklav auch nicht hereditarius servus war: folglich war er in der Zwischenzeit servus sine domino und von diesem steht es

---

de legatis I (Ulpianus): — quum enim filius iure suo non utitur, retro creditur pater dominium in servo peculiari habuisse.

[114] Fr. 14 § 1 (Papinianus) Fr. 19 § 5 (Tryphoninus) de castrensi peculio; Fr. 33 p. de acquirendo dominio (Ulpianus).

fest, dass er nicht erworben könne. Und in der That finden wir diese Argumentation als eine immerhin mögliche dargelegt bei Papinian[115] und Tryphonin.[116] Aber eine freiere Auffassung setzte sich über diese doch nur formalen Bedenken hinweg. Sie sagte einfach: wenn die Erbschaft angetreten wird, so ergibt sich nachträglich, dass der Sklav servus hereditarius war; wird sie ausgeschlagen, so ergibt sich, dass der Sklav dem Vater von jeher iure peculii gehörte; diesem also machte der Sklav allen und jeden Erwerb, welchen ein Sklav seinem Herrn zu machen im Stande ist. So nach dem Vorgange von Skävola und Marcellus Ulpian,[117]

---

[115] Fr. 14 § 1 de castrensi peculio: Proxima species videtur, ut scriptis heredibus deliberantibus quod servus interim stipulatus est vel ab alio sibi traditum accepit, quod quidem ad patris personam attinet, si forte peculium apud eum resederit, nullius momenti videatur, quum in illo tempore non fuerit servus patris; quod autem ad scriptos heredes, in suspenso fuisse traditio itemque stipulatio intelligatur; ut enim hereditarius fuisse credatur, post aditam fit hereditatem. Die letzten Worte enthalten offenbar eine Unrichtigkeit; dass der betreffende Sklav hereditarius servus war, ergibt sich nämlich nicht erst in der Zeit nach dem Erbschaftsantritt, sondern unmittelbar mit diesem. Es wird daher zu lesen sein per aditam fit hereditatem; in der zu kopirenden Handschrift wird p̄ gestanden haben, was beides bedeutet, post und per.

[116] Fr. 19 § 5 de castrensi peculio.

[117] Fr. 33 p. de acquirendo dominio: In eo, quod servo castrensi ante aditam hereditatem filiifamilias militis legatur, vel eo, quod stipulatur servus, tractatur apud Marcellum libro 20, ex cuius persona vel stipulatio vires habeat vel legatum. Et puto verius, quod et Scaevolae videtur et ipse Marcellus tractat, si quidem adeatur hereditas, omnia ut

so weiter, wenn auch mit weniger Klarheit und mit geringerer

---

in hereditario servo, si adita non sit, ut in proprio patris esse spectanda; et si ususfructus fuerit huic servo relictus, modo patri videri delatum, modo heredi, nec a persona in personam creditur translisse. Die letzte Auseinandersetzung über den Ususfruktus erklärt sich so: ein Personalservitut kann bekanntlich nicht von einer Person auf die andere übertragen werden; gegen diese Regel wird auch in vorliegendem Falle nicht verstossen, denn der dem servus hereditarius hinterlassene ususfructus wird der Erbschaft nicht sofort erworben, sondern erst der Person des antretenden Erben (Fr. 1 § 2 quando dies ususfructus). — Es mag gestattet sein, den folgenden, der kritischen Nachhülfe bedürftigen Paragraphen hier mit einem Wort zu berühren. Nach der Florentina fährt Ulpian so fort: Eadem distictione quis utetur, etiam si res fuerit subtracta; aut cessare aut non furti actionem dicet, si ex testamento adierit, quoniam hereditati furtum non fit; aut si non adierit, patri dabitur furti actio; nam et condictio. — a. In den Worten aut non furti actionem dicet hat aut non den Sinn „oder wenigstens nicht"; eines besonderen Zusatzes bedarf es dabei nicht. b. Zu actionem fehlt das Verbum (denn dicet kann nicht dahin bezogen werden, weil es dem Zusammenhange nach den Sinn hat von behaupten). Folgende Emendation liegt nahe „actionem edi dicet." Den in solchen Dingen Kundigen wird die Konjektur einfach erscheinen; in der kopirten Handschrift stand actioneedidicebat, der Schreiber sah in dem ausgefallenen Worte eine Dittographie des letzten Buchstaben des ersten Wortes und der beiden ersten des folgenden. c. Den Satz „nam et condictio" könnte man für ein Glossem erklären wollen, aber doch wohl ohne genügenden Grund. Die Worte wollen sagen: da der Vater als Eigenthümer zur Zeit des verübten furtum anzusehen ist, so hat er die furtiva condictio und folglich auch die furti actio. Auch die Abge-

Entschiedenheit, Tryphonin[118] und Papinian[119] selber.[120]

---

brochenheit der Worte ist kein genügender Grund für ihre Unächtheit; ganz ähnlich heisst es z. B. in Fr. 1 § 8 de acquirenda possessione: nam nec furtum.

[118] Fr. 19 § 5 cit. In den hier entscheidenden Worten, ist die Nothwendigkeit einer Textesänderung schon von der Glosse erkannt und von den Folgenden anerkannt worden. Wenn nämlich die Florentina sagt „Quod absurdum est, si in pendenti, ut in aliis, et in hac specie habeamus dominia, ut ex facto retro fuisse aut non fuisse patris credamus", so lehrt der Zusammenhang, dass statt „si in pendenti" gelesen werden müsse: nisi in pendenti.

[119] Fr. 14 § 1 führt nämlich nach dem in Anmerkung 115 Mitgetheilten so fort: Sed paterna verecundia nos movet, quatenus et in illa specie, ubi iure pristino apud patrem peculium remanet, etiam acquisitio stipulationis vel rei traditae per servum fiat. Cujaz und nach ihm Pothier wollen in diesem Satz, der äusserlich dieses Gepräge nicht an sich trägt, eine nota Ulpiani erkennen, also Papinian selbst auf die verneinende Seite stellen: jedoch meines Erachtens ohne zureichenden Grund. Papinian bringt die Meinung der Gegner in zweifelnder Form vor (videatur) und entscheidet sich dann für die andere Seite.

[120] Nur über den Legatserwerb hatte Papinian einiges Bedenken. Er meinte nämlich (Fr. 14 § 2 cit.), dasselbe werde, so lange Ungewissheit bestehe, ob Erbfolge oder das ius peculii zur Geltung komme, von keinem Theil erworben, der Vater erwerbe daher erst in dem Zeitpunkte, wo der Wegfall des Testaments gewiss wird. Dagegen behandelt Ulpian das Legat einem jedem anderen Erwerb gleich: Fr. 33 p. In Anm. 117.

Der zweite, hierher zu beziehende Fall betrifft denjenigen Sklaven, dessen Eigenthümer in feindliche Gefangenschaft geräth. Da der gefangene Bürger Sklav wird, so ist der demselben bis dahin gehörige Sklav in Wahrheit servus sine domino. Aber bekanntlich hilft der römische Staat seinen Angehörigen in diesem Fall, so weit er es vermag durch zwei bedeutsame Sätze: wenn der Gefangene vom Feinde zurückkehrt, so wird er kraft dem jus postliminii rechtlich so behandelt, wie wäre er niemals in Gefangenschaft gewesen; wenn er dagegen in der Gefangenschaft stirbt, so wird, um seine Beerbung möglich zu machen, angenommen, er sei im Moment der Gefangennehmung, also in der Freiheit und als Bürger gestorben (fictio legis Corneliae). Gesetzt nun, der gefangene Bürger lässt ihm gehörige Sklaven in der Heimat zurück: wie steht es mit der Erwerbsfähigkeit derselben während seiner Abwesenheit? Wenn das kornelische Gesetz in Wirksamkeit tritt, so ist die Sache vollkommen klar. Es ergibt sich nämlich nachträglich, dass von der Gefangennehmung des Bürgers an bis zum Erwerb der Erbschaft durch den Erben (vorausgesetzt, dass kein suus heres vorhanden) das Vermögen rechtlich eine hereditas iacens war: daher hat der zu diesem Vermögen gehörige Sklav die Stellung eines hereditarius servus auch in Bezug auf seine Erwerbsfähigkeit.[121]

---

[121] *a*. Er erwirbt durch stipulatio: Fr. 1 de captivis (Marcellus); Fr. 22 p. § 1 eod. tit. (Julianus); Fr. 18 § 2 de stipulationibus servorum [in der letzten Stelle verneint Papinian die Gültigkeit der von den Sklaven auf den Namen des gefangenen Herrn gestellten Stipulation, weil er in

Nur die Frage des Besitzes macht einige Zweifel. Der Gefangene selber besitzt natürlich während der Gefangenschaft nicht, auch nicht durch einen in der Heimat zurückgelassenen Sklaven.[122] Für die lex Cornelia aber ist zu unterscheiden: besass er nämlich bis zur Gefangennehmung in eigener Person, so ist der thatsächlichen Natur des Besitzes gegenüber auch durch die Fiktion des Gesetzes nicht zu helfen.[123] Wenn dagegen während seiner

---

Folge der lex Cornelia einem defunctus hat versprechen lassen]. *b*. Durch Tradition: Fr. 1 Fr. 22 § 1 Fr. 18 § 2 cit. *c*. Durch Legat: Fr. 1 Fr. 22 § 1 cit. *d*. Durch heredis institutio: Fr. 22 § 1 cit. Der Erbschaftsantritt kann natürlich erst auf Befehl des den dominus servi Beerbenden erfolgen.

[122] Das sagt Paulus in Fr. 11 de usurpationibus [neque servus neque per servum dominus, qui apud hostes est, possidet] Cujaz zu Fr. 15 de usurpationibus und Pothier (zu demselben Titel Nro. 52) wollen den Satz auf die res non peculiares beschränken. Allein mit Unrecht; denn auch bei den peculiares res widerstrebt die Annahme, dass der Gefangene besitze, der realen Natur des Besitzes und ob ihm dereinst das postliminium zu gute kommen werde, steht derzeit dahin.

[123] Weil aus der faktischen Natur des Besitzes hervorgehend, gilt der Satz des Textes für postliminium und lex Cornelia zugleich. Fr. 118 de regulis iuris (Ulpianus): Qui in servitute est usucapere non potest; nam quum possideatur, possidere non videtur. Fr. 19 ex quibus causis (Papinianus): Denique si emter, priusquam per usum sibi acquireret, ab hostibus captus sit, placet interruptam possessionem postliminio non restitui, quia haec sine possessione non consistit, possessio autem plurimum facti habet, causa vero facti

Gefangenschaft sein Sklav entweder den schon vorhandenen Besitz innerhalb der Pekuliensphäre fortsetzte oder in derselben einen neuen erwarb:[124] so ergibt das Sterben des Gefangenen beim Feind, dass der Sklav servus hereditarius war und ein solcher usukapirt anerkanntermassen für die Erbschaft. Darüber sind die römischen Juristen offenbar einig. Denn wenn auch einmal Julian von Paulus als dissentirend aufgeführt wird, so lässt sich doch nachweisen, dass auch er die gleiche Ansicht befolgte.[125] Wenn

---

non continetur postliminio [anstössig ist possessionem; denn was ist eine possessio, quae sine possessione esse non potest? Die Basil. 10, 35, 19 zeigen, dass sie jedenfalls nicht so gelesen, wie hier steht, denn sie übertragen δεσποτείαν. Dass die usucapio gemeint sei, ist ausser Zweifel]. Fr. 12 § 2 de captivis (Tryphoninus): Facti autem causae infactae nulla constitutione fieri possunt; ideo eorum, quae usucapiebat per semet ipsum possidens, qui postea nactus est, interrumpitur usucapio, quia certum est, eum possidere desiisse [das nactus der Florentina ist ein entschiedener Fehler, die Uebertragung der Basiliken (34, 1, 8) αἰχμαλωτισθέντι beweist, dass die Konjektur captus richtig sei]. Fr. 15 p. de usurpationibus (Paulus): Si is, qui pro emtore possidebat, ante usucapionem ab hostibus captus sit, videndum est, an heredi eius procedat usucapio — nam interrumpitur usucapio — et si ipse reverso non prodest, quemadmodum heredi eius proderit. Sed verum est, eum in sua vita desiisse possidere; ideoque nec postliminium ei prodest, ut videatur usucepisse.

[124] Beide Fälle stehen einander gleich: Fr. 12 § 2 de captivis.

[125] Paulus referirt in dem ziemlich verworren geschriebenen Prinzipium von Fr. 15 de usurpationibus, Julian habe in Bezug auf die Anwendbarkeit der lex Cornelia auf unseren Fall Zweifel gehegt. Dagegen berichtet

umgekehrt das postliminium zur Anwendung kommt, weil der gefangene Bürger heimkehrt, so tritt vollkommen die gleiche Behandlung der Sache zu Gunsten des Herrn selber ein, wie im vorigen Fall zu Gunsten seiner Erben. Der rechtliche Erwerb, den in der Zwischenzeit der Sklav gemacht hat, fällt seinem Herrn zu.[126] Was ferner den Besitz anlangt, so läugneten allerdings Labeo und der zu seiner Schule gehörende Marcellus die Anwendbarkeit des Ius postliminii auf die Usukapion:[127] allein die weitaus überwiegende Zahl der römischen Juristen stand auf der anderen Seite, sich

---

Tryphonin, Julian habe die Frage entschieden bejaht, Fr. 12 § 2 de captivis: eorum vero, quae per subiectas iuri suo personas possidebat usuque capiebat, vel si qua postea peculiari nomine comprehenduntur, Julianus scribit, credi suo tempore impleri usucapionem remanentibus iisdem personis in possessione: und dass Tryphonin richtig referirt habe, beweist eine aus Julian's Digesten uns erhaltene Stelle: Fr. 22 § 3 de captivis [Quae peculiari nomine servi captivorum possident, in suspenso sunt; nam si domini postliminio redierint, eorum facta intelliguntur, si ibi decesserint, per legem Corneliam ad heredes eorum pertinebunt]. Vielleicht ist daher in Fr. 15 der Name Julian's nur durch einen Schreibfehler in den Text gekommen; gibt es doch ähnliche Juristennamen genug (Javolenus, Juventius). Für die Bejahung: Papinian in Fr. 44 § 4 de usurpationibus; Marcellus in Fr. 15 p. eod. tit.; Tryphoninus in Fr. 12 § 2 de captivis.

[126] Fr. 22 § 1 de captivis. Julian setzt hier auseinander, dass postliminium und lex Cornelia in dieser Beziehung sich gleichstehen.

[127] Nach Fr. 29 de captivis sagte Labeo: Si postliminio rediisti, nihil, dum in hostium potestate fuisti, usucapere potuisti. Ihm folgte Marcellus nach der Mittheilung von Paulus in Fr. 15 p. de usurpationibus:

darauf stützend, dass der Satz possessionem ignoranti acquiri auch hier seine Geltung für die in das Pekulium fallenden Sachen haben müsse.[128] Demnach hat der Sklav des gefangenen Römers aus der Person seines Herrn diejenige Erwerbsfähigkeit, welche überhaupt ein Sklave aus der Person seines Herrn haben kann: und zwar hat er sie, wenn dem Herrn die Heimkehr gelingt, gleich einem niemals aus dem Eigenthum dieses Herrn herausgekommenen, wenn dagegen der Herr in der Gefangenschaft stirbt, in der Eigenschaft eines mit der Gefangennehmung des Herrn servus hereditarius gewordenen Sklaven.

So viel von der altcivilen Auffassung der Persönlichkeit des Sklaven und von der späteren Weiterentwickelung des civilen Prinzips. Wie daneben die fortschreitende römische Kultur sich in Opposition zu dieser civilen Grundlage setzte, ohne sie jedoch jemals gänzlich zu läugnen, davon an einem anderen Orte.

— Marcellus, posse plenius fictionem accipi [sc. quam ius postliminii]; quemadmodum enim postliminio reversus plus iuris habere potest in his, quae servi egerunt, quam his, quae per se vel per servum possidebat, quam ad hostes pervenit? Auf diesen Fall also beschränkte sich die Verwerfung des Marcellus und zu allgemein ausgedrückt ist, was Tryphonin von ihm aussagt in Fr. 12 § 2 de captivis.

[128] So Julian: Fr. 15 p. de usurpationibus; Fr. 12 § 2 Fr. 22 § 3 de captivis; Tryphoninus: Fr. 12 § 2 cit.; Papinian: Fr. 44 § 7 de usurpationibus; Ulpianus: Fr. 12 § 2 ex quibus causis; Paulus: Fr. 29 de captivis.